Kurt Nagel
Die 6 Erfolgsfaktoren des Unternehmens

Kurt Nagel

Die 6 Erfolgsfaktoren des Unternehmens

Strategie · Organisation · Mitarbeiter · Führungssystem · Informationssystem · Kundennähe

verlag moderne industrie

CIP-Kurztitelaufnahme der Deutschen Bibliothek
Nagel, Kurt:
Die 6 [sechs] Erfolgsfaktoren des Unternehmens: Strategie, Organisation, Mitarbeiter, Führungssystem, Informationssystem, Kundennähe / Kurt Nagel.
Landsberg/Lech: verlag moderne industrie, 1986
ISBN 3-478-32120-4

Schutzumschlag: Hendrik van Gemert
Satz: Druckerei Jantsch, Günzburg
Druck + Bindearbeiten: Spiegel GmbH, Ulm
Printed in Germany 320 120/886 301
ISBN 3-478-32120-4

Inhaltsverzeichnis

Verzeichnis der Abbildungen

Verzeichnis der Tabellen

Vorwort

1. Problemstellung und Gang der Untersuchung

Das Thema der erfolgreichen Unternehmensführung ist schon immer ein zentrales Anliegen der Managementlehre. Seit Jahrzehnten wird dieses Problem in Literatur und Praxis diskutiert. Zahlreiche Erfahrungsberichte liegen als Erfolgsrezepte vor. Diese Vorschläge haben aber meist Einzelfallcharakter und sind vor einem konkreten, spezifischen Umfeld zu sehen. Auch die wissenschaftlichen Beiträge beschränken sich in hohem Umfang auf die Auswirkungen nur eines von mehreren wesentlichen Erfolgsfaktoren - wie z. B. der Strategie oder der Mitarbeitermotivation - auf Wirtschaftsunternehmen und Verwaltungseinheiten.

Ziel dieser Ausarbeitung ist es nicht, diese punktuellen Vorschläge zu erweitern. Im Vordergrund steht vielmehr ein geschlossenes System, das jeder Organisation ermöglicht, die Ausprägung der sechs wesentlichen Erfolgsfaktoren festzustellen und Maßnahmen für deren Verbesserung zu ergreifen.

Um dieses sicherlich sehr hochgesteckte Ziel zu erreichen, ist es zunächst notwendig, die für eine Organisation wichtigen Erfolgsfaktoren abzuleiten. Die Ausführungen zur Entwicklung der Unternehmensstrategien zeigen (Kapitel 1), daß die kundenorientierten Ansätze derzeit verstärkt im Vordergrund stehen. Dies ist nicht zuletzt eine Folge der zunehmend enger werdenden Märkte und einer Verlagerung der Verhandlungsmacht auf die Käuferseite. Die Unternehmen müssen in dieser Marktsituation Kundennähe im besten Sinne realisieren.

Im Kapitel 2 werden neuere wissenschaftliche Untersuchungen über Erfolgsfaktoren der Unternehmensführung herangezogen. Als die richtungsweisendste empirische Erhebung kann die eindrucksvolle Arbeit von Peters und Waterman »In Search of Excellence« gesehen werden[1]).

Pümpin führte in der Schweiz eine Untersuchung mit der Zielsetzung durch, die Bedürfnisse der Unternehmen in bezug auf Unternehmens- und Führungspraxis zu analysieren. Daraus leitete er Thesen ab und entwickelte das Modell »Strategische Erfolgspositionen«[2]). Für Deutschland haben vor allem die Untersuchung von Albach[3]) und seine Schlußfolgerungen wesentliches Gewicht. Neben diesen Untersuchungen, die in Kapitel 2 ausführlich dargestellt werden, finden in der Arbeit noch weitere Erhebungen ihren Niederschlag. Stellvertretend seien die Arbeiten von Clutterbuck und Goldsmith und die Untersuchung der Industriekreditbank erwähnt. Während die beiden britischen Managementfachleute David Clutterbuck und Walter Goldsmith nach dem Vorbild von Peters und Waterman britische Unternehmen untersuchten[4]), die als besonders erfolgreich eingestuft wurden, erfaßte die Industriekreditbank die Bilanzdaten von 551 Kundenfirmen in den Jahren 1979 bis 1982 nach ausgewählten Kriterien[5]). Es mußte im Rahmen dieser Ausarbeitung bewußt eine Beschränkung auf wenige Untersuchungen gemacht werden. Wichtig erschien es, diese Untersuchungen durch ein Modell eines Unternehmensberaters und die Grundsätze eines Wirtschaftspioniers zu ergänzen. Das zunächst etwas generell erscheinende Konzept von Mewes (es ist sowohl für Unternehmenserfolg wie auch für persönlichen Erfolg anwendbar) zeigt bei einer näheren Analyse die überragende Bedeutung der Kundenorientierung. Am Beispiel von Wilhelm Kraut, dem Senior-Chef des Hauses Bizerba, wird deutlich, wie die Grundsätze dieses Unternehmens und deren Realisierung sich decken mit den wesentlichen Ergebnissen der empirischen Unter-

[1]) Siehe Peters, Thomas J., Waterman, Robert H.: In Search of Excellence. Lessons from America's Best-Run Companies. New York 1982. Übersetzung: Auf der Suche nach Spitzenleistungen. Was man von den bestgeführten US-Unternehmen lernen kann. Landsberg am Lech 1984.

[2]) Vgl. Pümpin, Cuno: Management strategischer Erfolgspositionen. Stuttgart 1982.

[3]) Vgl. o. V.: Schumpeter auf der Spur. In: Die Wirtschaftswoche, Nr. 30, 1984, S. 57 f.

[4]) Vgl. Heismann, Günter: Management/Unternehmensführung: Eine Frage des Stils. Über die Untersuchung von David Clutterbuck und Walter Goldsmith. In: Manager Magazin, Heft 9, 1985, S. 202 ff.

[5]) Vgl. Hupe, Rainer: Die Muntermacher vom Mittelstand. In: Manager Magazin, Heft 12, 1985, S. 176 ff.

suchungen. Nicht zuletzt darauf dürfte in der deutschen Ausgabe des Buches von Peters und Waterman die Einbeziehung des Hauses Bizerba zu den erfolgreichen deutschen Unternehmen zurückzuführen sein.

Im dritten Kapitel werden aus den bisherigen Aussagen und Ergebnissen zunächst die 6 wesentlichen Erfolgsfaktoren abgeleitet. Diese Ableitung kann wissenschaftlich nicht als voll stringent angesehen werden. Der Verfasser ist jedoch der Ansicht, daß gerade diese Faktoren und ihre adäquate Anwendung bestimmend für den Unternehmenserfolg sind. Der in den bisherigen Untersuchungen häufig etwas vernachlässigte Erfolgsfaktor »Informationssysteme« wird dabei mehr und mehr an Bedeutung gewinnen. Ein besseres Informations- und Kommunikationssystem ist für eine Unternehmung ein entscheidender Wettbewerbsvorteil. Dies wird um so mehr der Fall sein, je stärker es gelingt, der Informationsverarbeitung innovativen Charakter zu geben. Daher wird in dieser Arbeit der Erfolgsfaktor »Informationssysteme« besonders berücksichtigt und es werden dazu weitergehende Aussagen als für die anderen Faktoren gemacht.

Von größerer Wichtigkeit für die Praxis dürfte das erarbeitete Phasenmodell sein. Unterstellt man, daß jede Organisation im Laufe ihres Bestehens eine Reihe von Entwicklungen durchmacht, dann ist die grobe Einteilung in die Phasen 1. Start, 2. Ausweitung, 3. Konsolidierung, 4. Wachstum und 5. Integration vertretbar. Üblicherweise nimmt der Reifegrad und die Ausprägung der 6 Erfolgsfaktoren von der Phase 1 zur Phase 5 zu. Dieses Modell darf nicht als statisches Modell mit irgendeinem Endzustand gesehen werden, sondern es muß sich ständig erneuern. Bei der Beschreibung der einzelnen Erfolgsfaktoren wird für jeden Faktor in jeder Phase die wesentliche Kennzeichnung angegeben. Damit hat jede Unternehmung die Möglichkeit, zu erkennen, wie der einzelne Erfolgsfaktor ausgeprägt ist. Diese Standortbestimmung stellt die Basis für Überlegungen zur Weiterentwicklung der einzelnen Faktoren dar. Dabei dürften die folgenden Schritte sinnvoll sein:

- Welche wesentlichen Branchen-Faktoren gibt es?
- Wie stellen sich die spezifischen Unternehmensfaktoren dar?
- Welche prozeßorientierte (funktionsorientierte) Faktoren gibt es?
- Wie sind die individuellen Faktoren zu sehen?

Dieses Modell erlaubt somit nicht nur eine Standortbestimmung bezüglich der Ausprägung der einzelnen Erfolgsfaktoren, sondern ist auch ein wesentlicher Leitfaden für deren Weiterentwicklung. Die Realisierung der einzelnen Maßnahmen kann dabei beeinflußt werden von Kriterien wie verfolgte Strategie, Branchenentwicklung, Konkurrenzsituation, Engpaßsituation und nicht zuletzt von dem Streben nach einer Harmonisierung der Erfolgsfaktoren bei unterschiedlichem Ausprägungsgrad.

In den folgenden Kapiteln (4–9) werden die 6 Erfolgsfaktoren näher behandelt. In Form von Thesen finden die wesentlichen Aussagen ihren Niederschlag. Die Ausführungen wurden bewußt knapp gehalten und häufig schlagwortartig fixiert. Sie sollen den Leser jedoch in die Lage versetzen, nicht nur die konkrete Standortbestimmung für eine Unternehmung durchzuführen, sondern ihm auch das Rüstzeug für eine Weiterentwicklung der Erfolgsfaktoren geben.

2. Abgrenzung der Arbeit

Die Arbeit wurde für die Praxis geschrieben. Daher sind die Ausführungen vorwiegend in Form von kurzen Thesen wiedergegeben. Die Literaturhinweise wurden bewußt auf wesentliche Quellen begrenzt. Vor dem Hintergrund dieser Zielsetzung wird verständlich, daß der Autor keinen Wert darauf legte, sich in größerem Umfang mit den in der Literatur geäußerten Meinungen auseinanderzusetzen. Die nicht relevant erscheinenden Fragen wurden ebenso ausgeklammert, wie die Lösungsvorschläge ohne genügende sachliche Fundierung. Dies führte zu einer Komprimierung des Stoffes und einer Konzentration auf das Wesentliche, nämlich den praktischen Leitfaden zur Standortbestimmung und Weiterentwicklung der Erfolgsfaktoren zu schreiben. Es ist ohne Frage, daß in diesem Auswählen und Aussondern ein subjektives Moment liegt. Dies schafft zwangsläufig die Chance, nicht nur auf Zustimmung zu stoßen, sondern auch handfeste Kritik einzuholen. Beide Fälle sind für den Lernprozeß nur positiv zu bewerten.

In den meisten Kapiteln war es notwendig, sich auf Kernaussagen und wesentliche Entwicklungen zu beschränken. Nur dadurch konnte im Sinne der Zielsetzung dieses Buches Ballast abgeworfen werden. Eine Ausnahme ist bei dem Erfolgsfaktor Informationssysteme gegeben. Der Verfasser hat durch seine seit 1959 auf diesem Gebiet gesammelten Erfahrungen den Eindruck gewonnen, daß dieser Faktor mehr und mehr überragende Bedeutung hat und auch verstärkt die anderen

Erfolgsfaktoren beeinflußt. Die Computer machen in der heutigen Zeit eine geistige Auseinandersetzung mit dem Phänomen »Erfolgreiche Unternehmensführung« letztlich erst wirtschaftlich sinnvoll. Deshalb wurde die Standortbestimmung an diesem Beispiel vertieft aufgezeigt. Dadurch erhält der Leser die Möglichkeit, diese weiterführende Analyse auf die anderen Faktoren zu übertragen. Gelegentlich wurden auch durch Beispiele aus der Datenverarbeitung die einzelnen Kapitel, vor dem Hintergrund des jeweiligen Aspektes, angereichert.

Dieses Modell wurde in den letzten zwei Jahren verstärkt in Seminaren, Fachtagungen und Einzelgesprächen mit Betroffenen diskutiert: Vorstandsmitglieder, Geschäftsführer, Leiter von Funktionsbereichen, Spezialisten der Datenverarbeitung, Organisationen, Fachautoren, Unternehmensberater, Wissenschaftler usw. brachten ihre Überlegungen ein. Es wäre erfreulich, den Gedankenaustausch mit den Lesern fortsetzen zu können.

1. Der Weg zur kundenorientierten Unternehmenspolitik

Die Frage nach erfolgreichen Unternehmensstrategien wird verstärkt seit Beginn dieses Jahrhunderts diskutiert.

Frederick *Taylor*[1]) war einer der ersten, der die Überlegungen zu einer wissenschaftlichen Unternehmensführung präzisierte. Er begründete wissenschaftlich und praktisch die Notwendigkeit der differenzierten Arbeitsteilung und die Anpassung des Menschen an die Maschine. Taylors Fähigkeiten zu methodischer und systematischer Analyse äußerten sich in folgenden, für die Zeit des »Scientific Management« typischen Ansätzen zur Leistungssteigerung:

- Einführung der Arbeits- und Zeitstudien
- Arbeitsablaufbezogene Auswahl und Anweisung der Mitarbeiter, um möglichst optimale Bewegungsabläufe zu erreichen
- Unterstützend wirkt für die Leistungsförderung die Gestaltung des Arbeitsplatzes (Licht, Klima, Farbgebung, Anordnung der Maschinen usw.)
- Starke Arbeitsteilung reduziert die Anforderungen am einzelnen Arbeitsplatz und bringt kurze Anlern- und Erfahrungszeiten mit sich.

Die Überlegungen Taylors waren wegweisend für die meisten Organisationen.

Als *Auslöser* für den Taylorismus können angesehen werden:

- Industrielle Revolution
- Beginn der Massenproduktion
- Übergang zu Routinetätigkeiten
- Einführung des Akkordlohnsystems.

[1]) Vgl. Taylor, Frederick Winslow: Die Grundsätze wissenschaftlicher Betriebsführung. Deutsche autorisierte Übersetzung von Rudolf Roesler (1913). Neu herausgegeben und eingeleitet von Walter Volpert und Richard Vahrenkamp. Weinheim und Basel 1971.

Eine generalisierende Würdigung des Taylorismus läßt sich auf die folgenden Vor- und Nachteile zusammenfassen:

Rationalisierungsvorteile

- Kurze Einarbeitungszeiten
- Nutzung von Spezialwissen
- Effektiver Einsatz der Technologie (Henry Ford führte 1913 die Fließbandarbeit ein; die Arbeiter konnten die Produkte, die sie produzierten, auch kaufen).

Nachteile für das Unternehmen

- Produktionsfaktor Arbeit wird zu stark bewertet
- Kommunikation und Koordination werden erschwert
- Verantwortlichkeiten für das Endergebnis sind nicht mehr klar erkennbar
- Flexibilität der Unternehmung nimmt ab
- Mißtrauen, Resignation und Interessenlosigkeit führen zur Verlagerung der Aktivitäten in den Freizeitbereich
- Wachsende Unzufriedenheit im Betrieb.

Nachteile für den Stelleninhaber

- Sinn der Arbeit evtl. eingeschränkt (das traditionelle Handwerksethos z. B. Qualitätsarbeit, Verantwortungsbewußtsein, Liebe zum eigenen Produkt, Arbeitszufriedenheit wurde durch den Taylorismus häufig zerstört)
- Betriebliche Zusammenhänge schwer erkennbar
- Oft geistige Unterforderung
- Einseitige körperliche oder geistige Belastung
- Monotonie der Arbeit.

Max *Weber* und *Fayol* übertrugen die Überlegungen Taylors in den Verwaltungsbereich. Vor allem Weber analysierte kritisch die zunehmende Bürokratisierung und Rationalisierung.

Die genannten Ansätze begründeten die vorwiegend *technikorientierten Ansätze* erfolgreicher Unternehmensführung (siehe Abbildung 1). Diese Ansätze, die auch in den folgenden Jahrzehnten bis zur

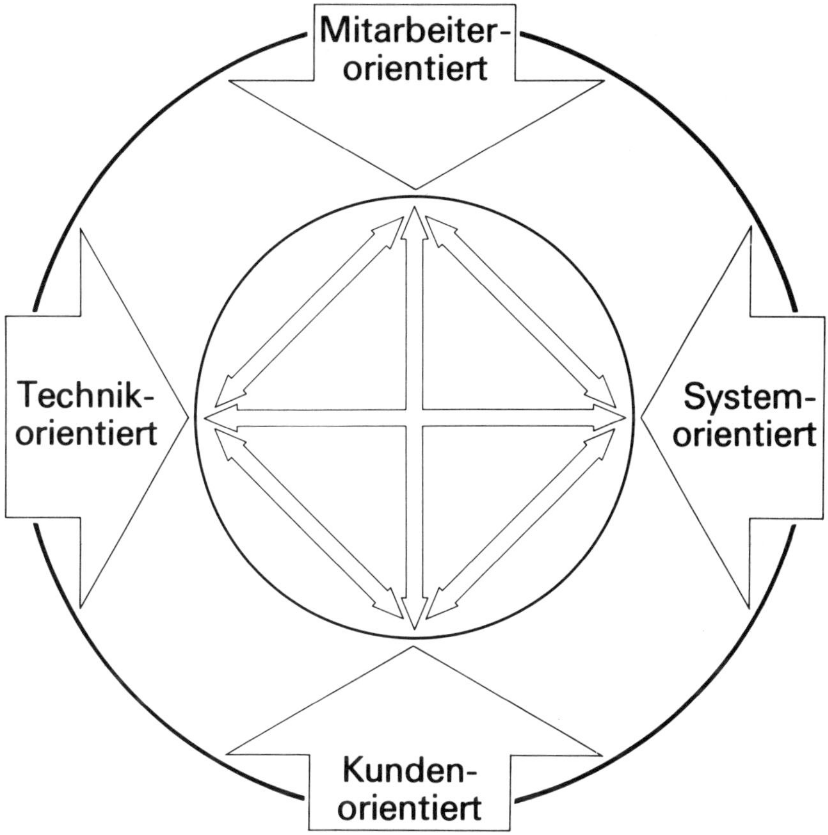

Abbildung 1: Ansätze erfolgreicher Unternehmensführung.

Gegenwart ständig weiterentwickelt wurden, bildeten in hohem Umfang die Basis für eine erfolgreiche Unternehmensführung. Die Ausprägung der ursprünglichen Zielsetzungen hat jedoch, vergleicht man sie beispielsweise mit den heutigen Automatisierungsbestrebungen in der Produktion und Verwaltung, nicht nur Übereinstimmendes aufzuweisen, sondern es können auch wesentliche Unterschiede festgestellt werden.

Übereinstimmungen und Unterschiede zwischen der heutigen Büroautomation und dem Taylorismus in seiner frühen Form

Übereinstimmungen:
- Effizientes Arbeiten (Arbeits- und Zeitstudien)
- Berücksichtigung ergonomischer Aspekte
- Forderung nach wissenschaftlichen Methoden
- Hoher Stellenwert der Schulung und Einarbeitung
- Zukunftsweisende Aspekte bei der Büroautomation analog der Industrialisierung zu Beginn des 20. Jahrhunderts.

Unterschiede:	*Taylorismus*	*Büroautomation*
Anderes Menschenbild:	materielle Anreize	verstärkt immaterielle Anreize
Wandel des Führungsstils:	autoritär	demokratisch
Bezug zur Arbeit:	kein direkter Zusammenhang	gemeinsame Zielfindung
Soziale Faktoren:	geringe Beachtung	starke Beachtung
Soziales Netz:	gering	stärker
Spezialisierung:	einseitig	Job enrichment Job enlargement

Als Reaktion auf den Taylorismus und Bürokratismus wurden die *mitarbeiterorientierten Ansätze* entwickelt. Durch die sog. Beleuchtungs- und Pausenexperimente *(Mayo*[1]*), Röthlisberger*[2]*))* konnte festgestellt

1) Vgl. Mayo, E.: The Human Problems of an Industrial Civilization. New York 1968 (1st ed. 1933).

2) Vgl. Röthlisberger, F. J., Dickson, W. J.: Management and the Worker. An Account of a Research Program Conducted by the Western Electric Company Hawthorne Works. Chicago Reprint 1951 (1st ed. 1939).

werden, daß die wachsende Produktion nicht in einer Veränderung der Beleuchtungsstärke bzw. in einer Verlängerung der Arbeitspausen begründet ist, sondern in einer Verbesserung des »Betriebsklimas«. Die Arbeitszufriedenheit und Motivation der Individuen werden als die wichtigsten Voraussetzungen für die Produktivität angesehen. Als Beeinflussungsfaktoren von Zufriedenheit und Motivation werden nicht Eigenschaften der Organisationsstruktur gesehen, sondern in erster Linie

- das Verhalten des Vorgesetzten
- die Beziehungen innerhalb der Arbeitsgruppe
- immaterielle Anreize.

Die mitarbeiterorientierten Ansätze brachten zahlreiche neue Erkenntnisse für eine erfolgreiche Unternehmensführung. Man begründete auch in der Folgezeit mehr und mehr, daß erfolgreiches Wirtschaften entscheidend vom Wollen und Können der Mitarbeiter abhängt. Es wurde postuliert, daß der arbeitende Mensch ein soziales Wesen ist, dessen Arbeitsleistung mit bedingt wird durch die Befriedigung seiner sozialen Bedürfnisse nach Anerkennung, Rücksichtnahme, befriedigenden Beziehungen zum Vorgesetzten und Kollegen. Dies ist sicherlich inzwischen längst Allgemeingut. Es darf jedoch nicht verkannt werden, daß die Vertreter dieser Ansätze häufig die sozialen Beziehungen zu einseitig betonten und dadurch die Vernachlässigung der technischen und strukturellen Faktoren festzustellen ist. Zentrales Anliegen des auf den Ergebnissen der Hawthorne-Studien beruhenden Human-Relations-Ansatzes war die Verbesserung der zwischenmenschlichen Beziehungen am Arbeitsplatz; die Frage nach den Arbeitsinhalten stand im Hintergrund. Konflikte wurden als »soziale Krankheit« betrachtet und führten durch bewußte Verdrängung der Konflikte zu einer »Schein-Harmonie«, um durch ein Gefühl der Zufriedenheit Produktivitätssteigerung zu erzielen.

Die mitarbeiterorientierten Ansätze wurden vor allem von *Maslow*[1]), *Herzberg*[2]) und *Mc Gregor*[3]) erweitert. Die Basis ihrer Überlegungen bil-

[1]) Vgl. Maslow, A. H.: A Theory of Human Motivation. 1943.
[2]) Vgl. Herzberg, F., Mausner, B. M., Snyderman, B.: The Motivation to Work. New York 1959.
[3]) Vgl. McGregor, D.: The Human Side of Enterprise. New York, Toronto, London 1960.

deten Veränderungen in der Bedürfnisstruktur, das zunehmende Streben nach Entfaltung der Persönlichkeit und die Übernahme der Verantwortung. *Blake und Mouton*[4]) entwickelten zu Beginn der 60er Jahre einen zweidimensionalen Ansatz zur Erfassung der Führungsstile. Eine vereinfachte Gegenüberstellung der Führungsstile bei einer vorwiegenden Technikorientierung und einer Mitarbeiterorientierung könnte folgende Indikatoren aufzeigen:

Technik-Orientierung	*Mitarbeiter-Orientierung*
- Sachliches Interesse an Aufgabenerfüllung ist vorrangig	- Interesse der Führung an humanen Elementen, Mitarbeiter-Bezug steht im Vordergrund
- Humane Elemente werden weitgehend vernachlässigt	- Humane Elemente bestimmen die Leistung
- Vorgesetzter ist meist Autoritätsperson	- Vorgesetzter schafft Arbeitsbedingungen, die den Leistungswillen anregen
- Unterstellungsverhältnisse sind streng hierarchisch und klare Kompetenzen herrschen vor	- Formale Organisation wird durch informale Beziehungen ergänzt oder gar ersetzt
- Mengen-, Zeit- und Geldstandards sind Gradmesser für die Leistung	- Kaum Standards. Menschliche Erfüllung zählt
- Konfliktfall: Persönliche Einordnung oder Wechsel	- Konfliktfall: Geleugnet oder geglättet

Die *systemorientierte Unternehmensführung* gewann Ende der 60er Jahre mehr und mehr an Bedeutung. Mit Hilfe der Erkenntnisse der *Entscheidungslehre* und der *Kybernetik* sowie des zunehmenden Einsatzes der *Datenverarbeitung* wurde verstärkt der Versuch unternommen, die Unternehmensführung unter rationalen Aspekten zu sehen. Zielsetzung dieser Ansätze war und ist es, richtige Entscheidungen zu treffen und mittels Planungs- und Kontrollsystemen gegebene Strategien möglichst optimal zu erreichen (siehe Abbildung 2).

[4]) Vgl. Blake, R., Mouton, J.: The Managerial Grid. Houston 1963.

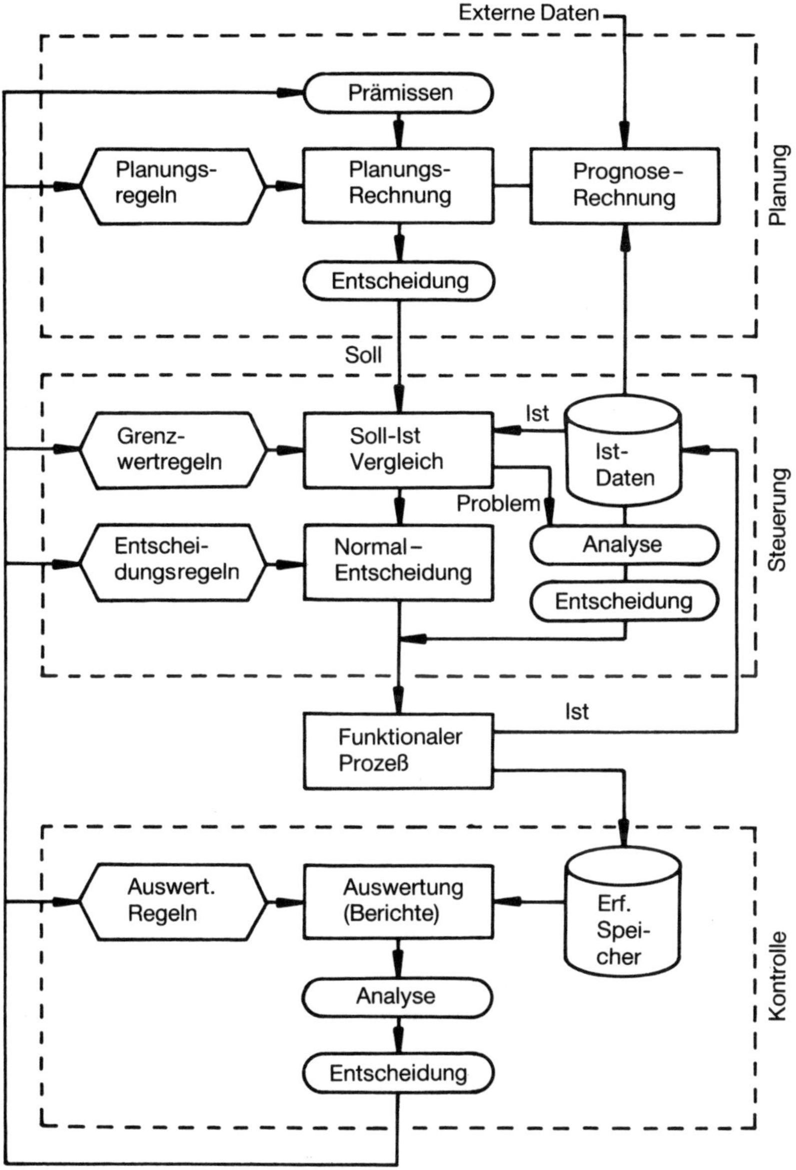

Abbildung 2: Realisierung des systemorientierten Ansatzes.

Im folgenden wird kurz auf die entscheidungsorientierten Ansätze und die wesentlichen Erkenntnisse der Kybernetik eingegangen.

Hinsichtlich der *entscheidungsorientierten Ansätze* können folgende Merkmale skizziert werden:

Auslöser:

- Während die herkömmliche Betriebswirtschaftslehre (vor allem unter dem Einfluß Eugen Schmalenbachs) das Erkenntnisobjekt »Betriebswirtschaft« ausschließlich nur dem abstrakten, rein wirtschaftlichen Aspekt betrachtete, stellte sich immer mehr heraus, daß diese »nur« wirtschaftliche Sicht
  - weder ausreichte, alle betriebswirtschaftlichen Erscheinungen umfassend zu erklären,
  - noch geeignet war, eine tragfähige Entscheidungsgrundlage für unternehmerische (betriebliche) Lenkungsmaßnahmen zu bilden. Die tägliche betriebliche Praxis erwies immer wieder, daß für die Entscheidungsfindung meistens mehr Informationen erforderlich sind, als sie z. B. das kaufmännische Rechnungswesen zur Verfügung stellen konnte.
- Kann man schon nicht das äußerst komplexe betriebswirtschaftliche System in allen Einzelheiten verstehen und erklären, will man doch wenigstens die für die Betriebsführung unerläßliche rationale Entscheidungsfindung unterstützen. Das erfordert einen interdisziplinären Ansatz, der den Rahmen der klassischen Betriebswirtschaftslehre sprengt.
- Kennzeichnend für die Fixierung dieser Ansätze war die zunehmende Bedeutung des Informationsproblems als Führungsproblem.
- Außerdem zeigte sich, daß insbesondere Entscheidungen unter Untersicherheit das zentrale Problem der Unternehmensführung sind.
- Man erkannte mehr und mehr, daß sich die Aufgaben von Führungskräften durch das Treffen von Entscheidungen auszeichnen.

Inhalt:

- Die entscheidungsorientierten Ansätze stellen
  - die Entscheidung,

  - deren mögliche Alternativen,
  - ihre Bedingungen,

  in den Mittelpunkt der Betrachtung.
- Modelle dienen als wesentliche Hilfsmittel in der Entscheidungsfindung.

Würdigung:

- Der Entscheidungsprozeß ist im Rahmen der Unternehmensführung von zentraler Bedeutung.
- Die alleinige Ausrichtung auf eine Formalisierung in mathematischen Modellen läßt sich nur schwerlich für eine Vielzahl von organisatorischen Problemlösungen für die Unternehmensführung bejahen.
- Die entwickelten Modelle enthalten meist nur wenige Variablen.
- Man hat erhebliche Schwierigkeiten in der Formalisierung verhaltenswissenschaftlicher Aspekte.
- Auch wenn die entscheidungsorientierten Ansätze aus den genannten Gründen bisher nicht die erwarteten Erfolge zeitigten, so ist doch die Blickrichtung auf das Wesentliche, den betriebswirtschaftlichen Entscheidungsprozeß, durchaus als ein Fortschritt anzugeben.

Die *Erkenntnisse der Kybernetik* gewannen in den vergangenen zwei Dekaden mehr und mehr an Bedeutung für eine erfolgreiche Unternehmensführung.

Auslöser:

- Zunehmende Komplexität der Organisationen.
- Übertragung der Eigenschaften der Kybernetik auf soziale Systeme.
- Starker Einfluß des Systemdenkens.
- Verstärkter Einsatz computergestützter Systeme.
- Zunehmende Bedeutung der »dynamischen« Organisation.

Inhalt:

- Aufbau von Systemen, mit denen die betriebswirtschaftlichen Zielsetzungen möglichst optimal erreicht werden können.
- Für eine planmäßige Steuerung und Regelung sind Plandaten eine unabdingbare Voraussetzung.

- Eine möglichst vollständige Beschreibung der Systeme wird angestrebt.
- Verstärkter Aufbau von Melde- und Planungssystemen.
- Verstärkter Einfluß des »situativen« Ansatzes.
- Symbiose Mensch - Maschine - System wird angestrebt.

Würdigung:

- Da durch die Anwendung der Systemtheorie und Kybernetik die betriebswirtschaftlichen Zusammenhänge und Probleme besser verstanden werden, haben die daraus gewonnenen Erkenntnisse einen günstigen Einfluß auf die Qualität der Entscheidungen.
- Insbesondere wird der Informationsgrad durch den Aufbau von Planungs- und Kontrollsystemen wesentlich verbessert.
- Ein hoher Automatisierungsgrad und Organisationsgrad beschleunigt den Ablauf standardisierter Prozesse.
- Eine individuelle Anpassung an Kundengegebenheiten ist häufig nur schwer möglich.

Die in jüngster Zeit entwickelten Ansätze sind in hohem Umfang *kundenorientiert.* Die Befürworter führen an, daß die bisherigen Strategien meist die Kostensenkung zum Primat erheben, den Wert des Produktes und den Kunden selbst jedoch vernachlässigen. Damit hätte die Ertragssteigerung nicht den entsprechenden Stellenwert. Analytiker, so wird von diesen Verfechtern argumentiert, denken meist an Einsparungen, wenn sie z. B. bei einem Massenartikel von einer 99,5-Servicequote hören oder von einer garantierten Ersatzteilelieferung an alle Orte der Welt innerhalb von 48 Stunden erfahren oder gar mit der Aussage einer Firma »Zehn Jahre störungsfreier Betrieb« konfrontiert werden.

Dieser kundenorientierte Ansatz ist ohne Frage nicht eine Erfindung der Management-Praktiker und -Theoretiker dieses Jahrzehnts. Schon immer hatte der Faktor »Nähe zum Kunden« eine große Bedeutung. Aber noch nie wurde er in diesem Ausmaß zu einem der wesentlichen Erfolgsfaktoren propagiert. Den Übergang von den systemorientierten zu den kundenorientierten Unternehmensstrategien charakterisiert Lew Young, Chefredakteur von Business Week, mit der nachstehenden Aussage sehr treffend: »In viel zu vielen Unternehmen ist der Kunde zu einem Störfaktor geworden, dessen unvorhersagbares Verhalten sich schädlich auf die sorgfältig erstellten Pläne auswirkt, dessen Sonderwünsche nicht in die computerunterstützten Arbeitsabläufe passen und der stur darauf besteht, daß die von ihm gekauften Erzeugnisse funktionieren sollten.« Daß diese Aussage nicht allein steht, kommt in verschiedenen Untersuchungen zum Ausdruck. So schreibt Pümpin z. B., daß 40 Prozent der von ihm untersuchten Firmen die Hauptanstrengungen in den Bereich Kostenbewirtschaftung/Sparmaßnahmen legen und nicht darauf ausgerichtet sind, dem Kunden noch bessere innovativere Leistungen zu erbringen.

Die kurz skizzierten Ansätze stehen zueinander in einer engen Wechselbeziehung. Sie beeinflussen sich gegenseitig. Es ist aber auch feststellbar, daß jeder Ansatz auf das Unternehmen und damit auch auf die Unternehmensstrategie einwirkt. Im Zentrum der Abbildung 1 hat man sich eine Organisation vorzustellen. Der äußere Kreis zeigt einen in sich geschlossenen zeitlichen Ablauf, der vom technikorientierten Ansatz über den mitarbeiter- und systemorientierten Ansatz zum kundenorientierten Ansatz führt. Die Einmündung des kundenorientierten Ansatzes in einen zweiten technikorientierten Ansatz ist unverkennbar.

Mit Hilfe der heutigen Technologien ist es möglich, die einzelnen Ansätze entscheidend zu verbessern. So läßt der Einsatz moderner Kommunikationsmedien auf höherer Stufe eine verbesserte Kundennähe praktizieren, wie am Beispiel eines Bildschirmtext-Rechnerverbundes in Abbildung 3 gezeigt wird. Die Darstellung bringt zum Ausdruck, daß der *Außendienst* eine gezielte Hilfestellung erfahren kann bei

1) der Wahrnehmung der Dokumentationsfunktion (z. B. Zurverfügungstellung von Daten über den Kundenstatus)
2) der Ausführung der Servicefunktion (z. B. Liefern von Verkaufsargumenten, Aufzeigen von Problemlösungen)
3) der Übermittlung von Direktbestellungen.

Die direkte *Kundenunterstützung* kann neben der Möglichkeit der Direktbestellung vor allem in einem umfassenden Beratungsservice gesehen werden. Der Kunde erfährt z. B. Verkaufsargumente und individuelle Problemlösungen.

Die Auswirkungen des Bildschirmtext-Rechnerverbunds auf ein kundenorientiertes Vertriebssystem sind aus Abbildung 4 ersichtlich.

Das Zentrum dieser Darstellung soll zum Ausdruck bringen, daß Struktur- und Prozeßveränderungen bei Firmen in der Zentrale, in der

Geschäftsstelle und im Außendienst notwendig sind. Kunden und Interessenten erfahren eine andere Ansprache und eine andere Art der Betreuung. Die Einflüsse bezüglich der Unternehmensorganisation zeigen sich vor allem bei den Vertriebsaktivitäten (Vertriebsstruktur, Vertriebsweg usw.). Daß auch die Verwaltungsabläufe (z. B. Planungsaktivitäten, Steuerungsmaßnahmen, Administration) durch die Einbindung dieses Mediums stark tangiert werden, beweisen die bereits implementierten Lösungen.

Abbildung 3: Realisierung der Kundennähe durch Bildschirmtext-Rechnerverbund.

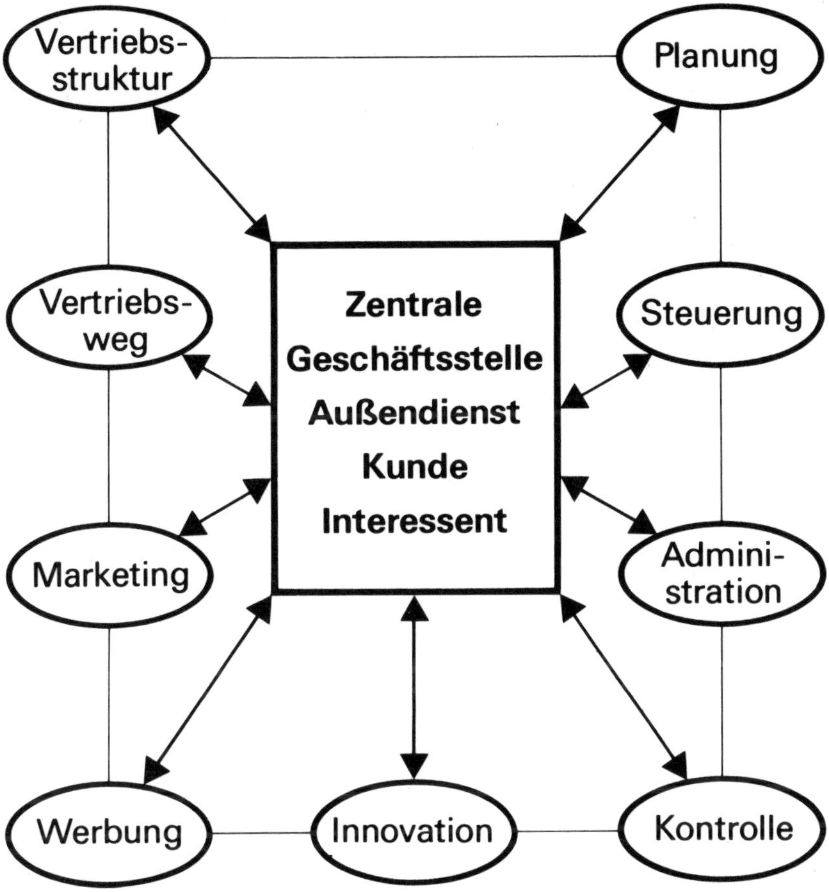

Abbildung 4: Auswirkungen des Bildschirmtext-Rechnerverbundes auf ein kundenorientiertes Vertriebssystem.

2. Die Kundenorientierung im Lichte von Untersuchungen und Konzepten

2.1 Die Erfolgskriterien nach Peters und Waterman

Peters und Waterman hatten durch ihre Erfahrungen bei McKinsey zusammen mit Pascale[1]) und Athos das 7S-Modell entwickelt. Dieses Modell, bei dem alle Variablen mit dem Buchstaben S beginnen (siehe Abbildung 5), hat inzwischen weltweite Beachtung gefunden. Durch empirische Untersuchungen bei reputierten US-Unternehmen und weiterem intensiven Quellenstudium konnten diese 7S's im wesentlichen verifiziert werden. Sie wurden durch neue Grundtugenden ergänzt und um einen wichtigen Faktor erweitert: die Bedeutung der Kundennähe.

Peters und Waterman brachten in ihrem Buch »In Search of Excellence« klar zum Ausdruck, daß der Untersuchungsumfang von 62 amerikanischen Unternehmen nie darauf ausgelegt war, repräsentativ für die Industrie der USA zu sein[2]).

Als exzellent wurden Unternehmen betrachtet, die in den Jahren 1961–1980 in mindestens 4 der nachstehenden 6 Kriterien in der oberen Hälfte ihres Industriezweiges lagen:

1) Kumulierter Vermögenszuwachs
2) Kumuliertes Eigenkapitalwachstum
3) Durchschnittliches Verhältnis zwischen Marktwert und Buchwert
4) Durchschnittliche Gesamtkapitalrendite
5) Durchschnittliche Eigenkapitalrendite
6) Durchschnittliche Umsatzrendite.

[1]) Siehe hierzu Pascale, Richard T., Athos, Anthony, G.: The Art of Japanese Management. New York 1981.
[2]) Siehe Peters, Thomas J., Waterman, Robert H.: a. a. O., S. 35 ff.

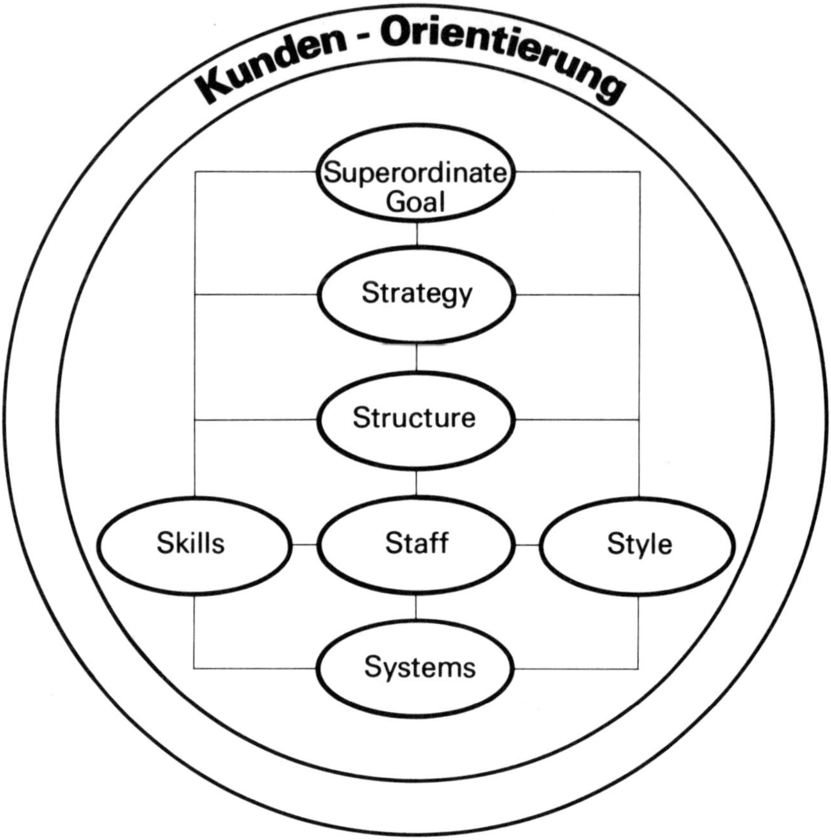

Abbildung 5: Die Unternehmensstrategie von Peters und Waterman.

Als weiteres Kriterium wurde die Innovationsleistung des Unternehmens für die letzten 20 Jahre von ausgewählten Branchenkennern bewertet. Bei der Überprüfung dieser Kriterien schieden 19 Unternehmen aus.

Peters und Waterman kamen auf der Basis ihrer Interviews und des Quellenstudiums zu acht Merkmalen erfolgreicher Unternehmensführung. In der deutschen Übersetzung werden diese wie folgt bezeichnet:

1) Primat des Handelns
2) Nähe zum Kunden
3) Freiraum für Unternehmertum
4) Produktivität durch Menschen
5) Sichtbar gelebtes Wertesystem
6) Bindung an das angestammte Geschäft
7) Einfacher flexibler Aufbau
8) Straff-lockere Führung[1]).

Peters und Waterman beschreiben die 8 Merkmale auf über 200 Seiten. Dabei fällt auf, daß diese sich gegenseitig stark überlappen und interdependent sind. Die Inhalte der Merkmale lassen sich besser abgrenzen und ordnen auf der Basis der 7S's und deren Einbindung in die Kundenorientierung, ohne daß dadurch wesentliche Aussagen der Untersuchung von Peters/Waterman verlorengehen.

Im folgenden werden die 7S's und das Merkmal der Kundenorientierung im Sinne der Aussagen von Peters und Waterman kurz umrissen (siehe Abbildung 5).

1. Superordinate Goal

- Ein sichtbar gelebtes Wertesystem zeichnet erfolgreiche Unternehmen aus.
- Geschäftsgrundsätze (Unternehmenswerte) wie
  - Qualität
  - Zuverlässigkeit
  - Kundendienst

  bestimmen die Aktivitäten aller Mitarbeiter.

[1]) Vgl. hierzu auch Rüßmann, Karl Heinrich: Acht Regeln für Erfolg. In: Manager Magazin, Heft 4, 1983, S. 144 ff.

- Caterpillar garantiert durch die Geschäftsgrundsätze seinen Kunden an allen Orten der Welt Ersatzteilbeschaffung innerhalb von 48 Stunden.
- Strategien und Ziele werden von den Geschäftsgrundsätzen bestimmt.

2. Strategy

- Klare Strategien und Zielsysteme sind ein wichtiger Erfolgsfaktor.
- Das Tätigkeitsfeld der Unternehmung beschränkt sich auf die Produkte/Aktivitäten, bei denen eigenes Know-how fruchtbar eingesetzt werden kann (in der eigenen Webart bleiben).
- Beteiligungen und Firmenkäufe sind unter demselben Gesichtspunkt zu sehen.
- Angemessene Planungen.

3. Structure

- Eigenständigkeit und Unternehmertum kennzeichnen die Aktivitäten der Bereiche und Abteilungen.
- Bereiche/Divisions sind überschaubar.
- Konzept der Profit Centers.
- Flexible Strukturen in der Aufbauorganisation.
- Flexible Formen in der Ablauforganisation.

4. Staff

- Stäbe sind auf die wichtigsten Aufgaben bei der Implementierung einer neuen Strategie konzentriert.
- Stäbe entwerfen die erforderlichen Systeme zur Überprüfung der Durchsetzung dieser Strategie.
- Stäbe erbringen Management-Services für die Linie.
- Perfektion der
  - Organisationsstrukturen
  - Organisationsprozesse
  - Führungssysteme
  - Berichtssysteme

  ist zu vermeiden.

5. Style

- Adäquates Verhältnis zwischen zentralen und dezentralen Strukturen.
- Führung zugleich locker und fest.
- Freiräume für Eigeninitiative im Rahmen der Geschäftsgrundsätze und Unternehmensziele.
- Realisierung eines kooperativen Führungsstils.
- Betroffene zu Beteiligten machen.
- Quality Circles und Task Forces haben einen hohen Stellenwert.

6. Skills

- Vertrauen in die Fähigkeiten der Mitarbeiter.
- Das Wollen und Können der Mitarbeiter bestimmt im wesentlichen den Unternehmenserfolg.
- Beteiligung der Mitarbeiter an der Verbesserung von
  - Arbeitsabläufen,
  - Produkten,
  - Vertriebskonzepten usw.
- Adäquate Ausbildung und Schulung.
- Identifikation und Motivation der Mitarbeiter.

7. Systems

- Bedeutung der Informationssysteme für den Unternehmenserfolg.
- Flexible Systeme bedingen Standardisierung und Individualisierung.
- Mut zum kalkulierten Risiko.
- Drang zur Tat.

8. Kundennähe

- Dicht am Kunden.
- Regelrechte Besessenheit, dem Kunden gute Qualität und besten Service zu liefern.
- Schaffen von engen Kundenbeziehungen.
  [Procter & Gamble (Waschmittel-/Kosmetik-Konzern) führte landesweit in den USA die gebührenfreie Telefonnummer »800« ein, um Anregungen und Reklamationen der Kunden aufzunehmen.]

2.2 Management Strategischer Erfolgspositionen (SEP) nach Pümpin

Cuno Pümpin hat mit seinem SEP-Konzept als Grundlage wirkungsvoller Unternehmensführung große Beachtung gefunden. Seine Aussagen wurden durch Umfragen bei den größten schweizerischen Unternehmen abgesichert. Im Rahmen seiner Ausführungen unterscheidet er zwischen

- introvertierten und
- extrovertierten Unternehmen.

Bei *introvertierten Firmen* stehen Kriterien im Vordergrund, die auf das Innere der Unternehmung ausgerichtet sind (siehe Abbildung 6).

Beispiele hierfür sind Orientierungen an

- den Kosten,
- der Produktion,
- der Technologie,
- dem Gewinn.

Bei *extrovertierten Firmen* erfolgt eine Konzentration auf kundenorientierte Kriterien. Die Unternehmung ist nach außen auf den Markt hin gerichtet (siehe Abbildung 7).

Die Korrelation der Firmentypen mit dem Unternehmenserfolg ist in Abbildung 8 dargestellt - der Erfolgscode ist dabei von 1 nach 5 steigend. Aus der Beurteilung der Ergebnisse können folgende Tendenzen abgeleitet werden:

- Im allgemeinen sind introvertierte Firmen weniger erfolgreich als extrovertierte.
- Je mehr eine Firma kundenorientierte strategische Erfolgspositionen aufbaut, desto besser schneidet sie im Wettbewerb ab.

Introvertiert

- Konzentration auf das Innere der Unternehmung
- Kostensenkung erhält Vorrang vor Erlössteigerung
- Management konzentriert sich auf Produkte mit hoher Kostendegression
- "Push"-Verkauf

Abbildung 6: Introvertierte Organisationen nach Pümpin.

Extrovertiert

- Konzentration auf Kunden/Markt
- Servicefunktion erhält zentrale Bedeutung
- Problemlösungen werden verstärkt angeboten
- Kunden- und Marktnähe bringen Wettbewerbsvorteile

Abbildung 7: Extrovertierte Organisationen nach Pümpin.

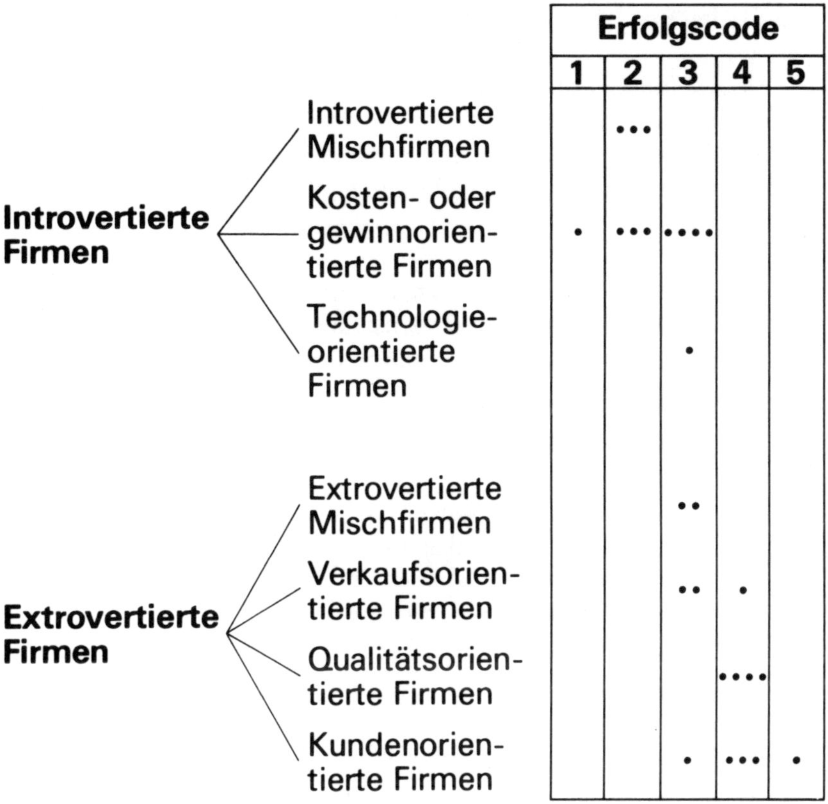

• Mischfirmen sind Unternehmungen, bei denen mehrere (introvertierte und extrovertierte) Kriterien relativ stark ausgeprägt sind und kein Kriterium besonders hervorsticht.

Abbildung 8: Korrelation der Firmentypen mit dem Erfolgscode.

2.3 Untersuchungen nach Albach

H. Albach führte am Institut für Mittelstandsforschung (ifm) zwei Untersuchungen durch[1]).

Eine Untersuchung befaßte sich mit den Strategien der besten deutschen Industrieaktiengesellschaften. In die Untersuchung wurden 295 Unternehmen einbezogen.

- Erfolgreich ist ein Unternehmen, das im Durchschnitt der letzten 15 Jahre nach jedem von den 6 nachstehend genannten Wachstums- und Erfolgskriterien zu den oberen 50 Prozent aller Industrieaktiengesellschaften gehörte.

- Die 6 Kriterien sind:

  1) Wachstumsrate des Anlagevermögens
  2) Wachstumsrate des Eigenkapitals
  3) Marktwert/Buchwert
  4) Gesamtkapitalrendite
  5) Eigenkapitalrendite
  6) Umsatzrendite

- Die Unternehmen qualifizierten sich nach Albach durch

  - Perfektion in der Produktion
  - Besessenheit bei der Sicherung der Produktqualität
  - Große Kundennähe
  - Stockkonservative Finanzierung.

- Die Analyse der besten deutschen Aktiengesellschaften scheint zu belegen, daß Wachstum und Gewinne in den letzten 15 Jahren nicht vorrangig die Unternehmen prädestinieren, die besonders innovativ waren.

- Eine Kombination von Innovation und Kundenbetreuung macht den Erfolg der Industrieunternehmen (vor allem der mittelständischen) aus.

[1]) Vgl. o. V.: Schumpeter auf der Spur, a. a. O., S. 56 ff.

- Eine Analyse von 415 mittelständischen Unternehmen mit 100 bis 2500 Beschäftigten ergab für die Jahre 1978–1982 folgende Ergebnisse:

Erfolgsprofile

Kennzahlen der erfolgreichen mittelständischen Unternehmen (in Prozent)

Kennzahl	Erfolgreiche Unternehmen	Alle Unternehmen
Wachstum		
der Belegschaft	4,5	-0,5
des Eigenkapitals	12,6	3,9
des Sachanlagevermögens	16,5	4,6
des Umsatzes	15,0	6,2
der Investitionen	25,5	4,8
des Jahresüberschusses nach Steuern	16,8	-2,0
der F + E-Aufwendungen	12,5	11,3
Finanzierung und Investitionen		
Eigenkapitalquote	34,8	31,6
Investitionen*)	7,1	4,7
Nettoinvestitionen*)	3,1	0,9
Cash-Flow*)	9,4	5,5
Sachanlagevermögen je Beschäftigten 1982 (in 1000 Mark)	31,8	26,5
Anteil des Sachanlagevermögens, das jünger als 5 Jahre ist	44,1	38,5
Leistung und Erfolg Umsatz je Beschäftigten 1982 (in 1000 Mark)	134,2	137,3
Jahresüberschuß nach Steuern*)	5,4	1,7
Forschungs- und Entwicklungsaufwand*)	1,7	1,8
Marketingausgaben*)	3,0	2,0
Marktanteil	25,3	27,0

Personal

Nettozugang im oberen Mgmt.	17,6	-2,8
Nettozugang im mittleren Mgmt.	45,3	-2,8

*) in Prozent vom Umsatz

- Als besonders erfolgreich gelten die Unternehmen, deren
  - Umsatzrentabilität nach Steuern in jedem Jahr deutlich über dem Durchschnitt (mehr als 2%) liegt und der
  - Umsatzzuwachs pro Jahr über 8% ist.
- Nach diesen Kriterien gehören rund 4 Prozent aller Unternehmen zu dieser Spitzengruppe.
- Was macht nach Albach den Erfolg dieser Unternehmen aus (Auswertung der Interviews und Fragebogen)?

  1) Alle erfolgreichen Unternehmen führen eigene Produktentwicklungen durch. Diese dienen der laufenden Produktverbesserung und der Erfüllung von Kunden-, auch von Sonderwünschen.
  2) Die meisten Unternehmen erheben eigene Produktentwicklung nicht zum Geschäftsprinzip. Das heißt nicht nur, daß die mittleren Unternehmen häufig auch Lizenzen nehmen. Manches Unternehmen bezeichnet die Nachahmung von Neuentwicklungen der Konkurrenz als ein durchaus gängiges und selbst praktiziertes Verfahren. Manches Unternehmen ist Innovator in einem Produktbereich, auf den es seine Forschungsmittel konzentriert, und Imitator in den anderen Produktbereichen.
  3) Kundennähe durch Service, der die Produktinnovation aufgrund von Kundenwünschen umfaßt, dominiert die Vertriebsstrategie. Produktentwicklung für einen anonymen Markt konnte nicht festgestellt werden.
  4) Alle Unternehmen stellen Qualität und Lieferbereitschaft höher als die Produktentwicklung.
  5) Die bemerkenswerten Marketingbemühungen der Spitzenunternehmen machen den Preis zu einem nachrangigen Wettbewerbs-

parameter. In keinem Falle spielt bei einem Spitzenunternehmen der Preis eine wichtige Rolle. Alle Spitzenunternehmen betreiben eher eine Hochpreispolitik.

- Die durchschnittliche Kapitalausstattung je Arbeitsplatz ist höher. Im Fertigungsbereich ist die Produktivität der Mitarbeiter höher als im Durchschnitt aller Firmen.

- Im Marketing sind mehr Mitarbeiter als bei weniger erfolgreichen Firmen eingesetzt. Die relativ große Vertriebsmannschaft gewährleistet

  - rasches Erkennen der Kundenwünsche
  - schnelle Lieferbereitschaft
  - das Eingehen auf Sonderwünsche der Kunden
  - besten Service
  - Qualitätsgarantie durch eine intensive After-sale-Betreuung.

- Da Kundennähe den Einsatz von viel Personal und gutem Personal erfordert, liegt die Arbeitsproduktivität 2% unter dem Durchschnitt[1]).

2.4 Energo-kybernetische Strategie (EKS) nach Mewes

Mewes entwickelte vor rund 3 Jahrzehnten einen damals weit verbreiteten Bilanzbuchhalter-Fernlehrgang. Dabei stieß er auf das Phänomen der immateriellen Werte, wie Unternehmens-Idee, Know-how, Goodwill, Kundenstamm, Image, Betriebsklima, Engagement der Mitarbeiter, Kreativität usw. Ihre Entwicklung bleibt bei den unternehmerischen Überlegungen weitgehend ausgeklammert. Dabei haben sie die deutliche Tendenz, für Ertrag, Wert und Entwicklung der Unternehmen zunehmend bestimmender zu werden.

Mewes: »Den Wert eines Betriebes, wie es in der Bilanz geschieht, nach der Summe seines materiellen und finanziellen Vermögens zu berechnen ist genauso, wie wenn man den Wert eines Menschen nach

[1]) Vgl. o. V.: Schumpeter auf der Spur, a. a. O., S. 56 ff.

dem Kilopreis für Frischfleisch berechnet. Die geistigen und seelischen Werte bleiben außer Betracht. Sie aber sind die entscheidenden.«

Man hat im Verlaufe der letzten Jahrzehnte entdeckt, daß das immaterielle Vermögen dem materiellen und finanziellen Vermögen gegenüber nicht gleich-, sondern vorrangig, nämlich ursächlich ist: Wo man das immaterielle Vermögen eines Unternehmens konsequent verbessert, verbessern sich seine finanziellen und materiellen Vermögensverhältnisse von selbst.

Beispiele solcher vornehmlich auf immateriellem Vermögen begründeten Unternehmen sind eine Vielzahl erfolgreicher Unternehmen, deren wichtigster Vermögenswert ein hochentwickeltes wirtschaftliches Know-how ist bzw. sie lassen dieses Konzept weltweit auf Lizenzbasis von anderen »materialisieren«.

Auf der Suche, wie sich diese »immaterielle Strategie« noch verbessern läßt, stieß Mewes auf das Phänomen der Macht: Wie entsteht Macht? Er kam dabei auf das von Liebig in den biologischen Entwicklungsprozessen entdeckte Minimumgesetz: Dort hat derjenige die größte Macht über alle Vorgänge und Beteiligte, der den Minimumfaktor besitzt.

Mewes zeigte auf, daß dieses Minimumgesetz auch in den wirtschaftlichen und sozialen Entwicklungsprozessen gilt. Auch dort hat derjenige die größte Macht über alle beteiligten Vorgänge, Menschen und Faktoren, der den für ihre Entwicklung notwendigsten Faktor besitzt, oder am besten zu beschaffen vermag. Beispielsweise erlangt in einer Gruppe, die in der Wüste zu verdursten droht, ganz automatisch derjenige die größte Macht, der über Wasser verfügt oder die Fähigkeit besitzt, es zu beschaffen.

Auf der Basis dieser Überlegungen entstand die EKS-Strategie: Eine Methode, aufziehende Mängel frühzeitig zu erkennen, genauer zu analysieren und alle verfügbaren Kräfte präziser auf den Punkt des jeweils spürbarsten Mangels in seinem Markt zu konzentrieren (siehe Abb. 9–12).

Je konsequenter ein Mensch oder Betrieb seine Kräfte auf die Lösung des jeweils brennendsten Problems einer bestimmten Gruppe, z. B. seines Marktes, fixiert, desto sicherer und schneller erlangt er Macht, Kapital und Sicherheit. In diesem Punkt ihres spürbarsten Mangels nutzt er seiner Umwelt am stärksten und es entwickeln sich gleichzeitig sein Umsatz, seine Produktivität, sein Gewinn und seine Macht.

Mewes:

Ist Ihre Strategie falsch?

Sie brauchen nur Ihre Strategie
zu verbessern, um automatisch
wirkungsvoller, erfolgreicher und
krisensicherer zu werden.

Man muß eine kleinere Kraft
nur genauer auf den kybernetisch
wirkungsvollsten Punkt zielen,
um sie größeren Erfolg als
stärkere Kräfte haben zu lassen.

Abbildung 9: Strategie von Mewes.

Zielorientierung

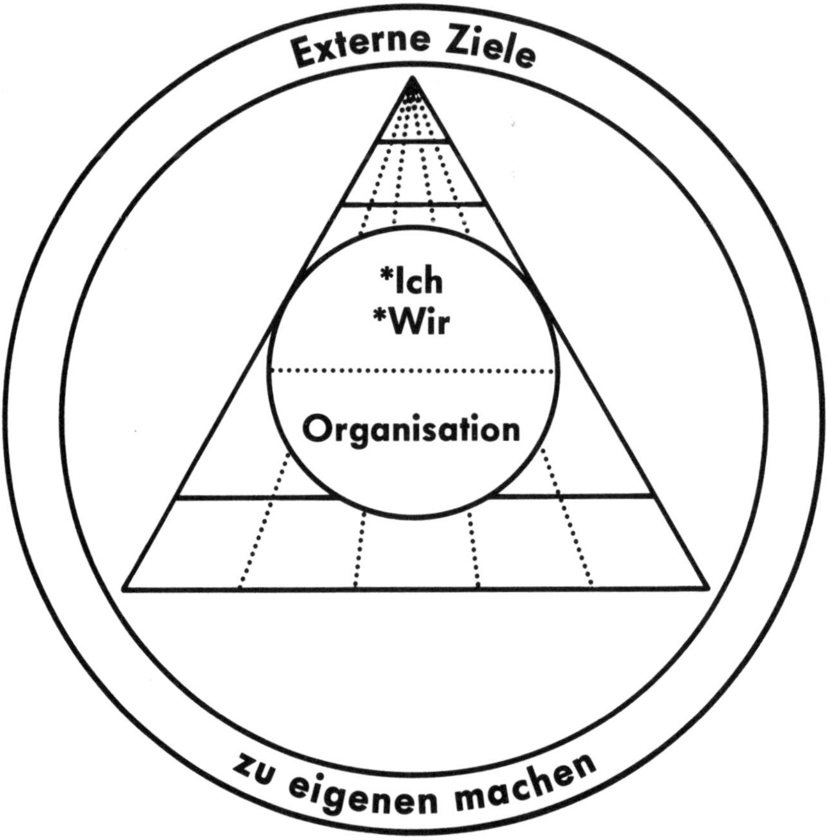

Abbildung 10: Zielsetzungen von EKS.

1. Stärkenanalyse
2. Chancenanalyse
3. Zielgruppenanalyse
4. Erfolgsversprechende Teilzielgruppe
5. Problemanalyse
6. Problemlösung
7. Laufende Verbesserung
8. Entwicklung eines Leitbildes

Abbildung 11: Schritte der EKS-Strategie.

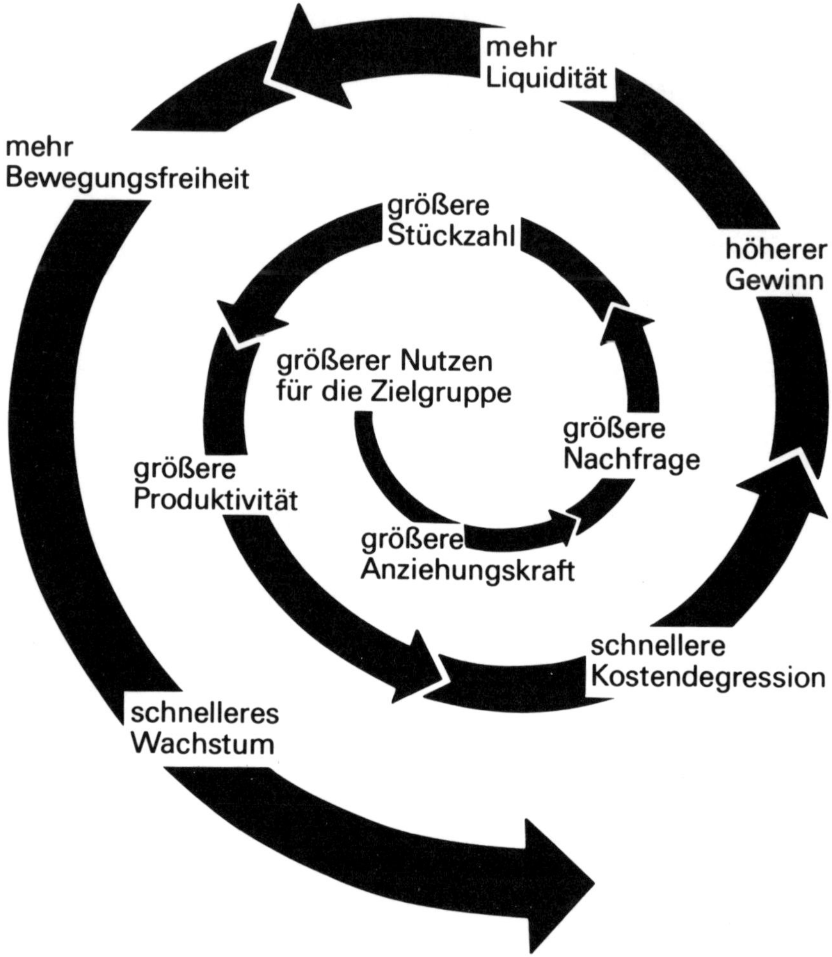

Abbildung 12: Auswirkungen der EKS-Strategie.

Durch Erkenntnisse und Erfahrungen von Mewes und seiner Mitarbeiter wurde aus der Machtlehre eine Morallehre: Mewes zeigt auf, daß schon in der Vergangenheit diejenigen Menschen und Unternehmen die größte Wirkung und den größten persönlichen Erfolg verbuchen konnten, die den Einsatz ihrer Kräfte nicht am eigenen Gewinn, sondern am spürbarsten Nutzen für ihre Umwelt orientierten (Beispiele: Henry Ford, Duttweiler, Bosch, Siemens).

Je spürbarer der Nutzen für die Umwelt, desto größer ihre Nachfrage und desto größer der eigene Umsatz und Gewinn. Die EKS-Strategie zeigt, daß sich derjenige am sichersten, schnellsten und dauerhaftesten entwickelt, der sich am konsequentesten auf die Lösung des jeweils dringendsten Problems seiner Umwelt konzentriert. Sie zeigt aber auch, daß und warum derjenige, der seine Macht gegen die Interessen seiner Umwelt einsetzt, sie und sich selbst zerstört.

Das oberste Ziel der EKS-Strategie: »Nutze deiner Umwelt so spürbar, wie es unter den gegebenen Verhältnissen möglich ist, um dich unter ihrer wachsenden Nachfrage selbst optimal zu entwickeln«, entspricht nach Mewes allen moralischen Anforderungen, die von der christlichen Lehre über Thomas von Aquin, Kant, Schopenhauer bis Kierkegaard, de Chardin, Jaspers und Heidegger an das Verhalten des Menschen gestellt worden sind. Es führt im Sinne der EKS-Strategie gleichzeitig zur optimalen Entwicklung des Einzelnen und des Ganzen. In ihm treffen, so führt Mewes aus, Gemein- und Eigennutz konfliktlos aufeinander. Schon Sokrates hatte vermutet, daß es einen solchen Punkt gibt. Diese Überlegungen, die durchaus in der reinen Theorie hohe Gültigkeit haben, dürfen uns nicht darüber hinwegtäuschen, daß das Leben – und die Wirtschaftspraxis im besonderen – vieldimensional und niemals völlig überschaubar ist. Professor Dr. Emil Küng hat in einem Vortrag über unsere heutige gesellschaftliche Situation zum Ausdruck gebracht, daß die totale Machbarkeit eine Illusion ist und daß sich die Glückseligkeit auf Erden nicht herstellen läßt, daß Spannungen und Konflikte bestehen bleiben. Die Überlegungen der Interessenkonflikte außerhalb und innerhalb von Systemen und damit auch die Frage nach Gemeinnutz oder Eigennutz wurden recht eindrucksvoll von Max Woitschach[1]) behandelt. Er betont, daß Gemeinnutz und Eigennutz

[1]) Diese Problemfelder werden von Woitschach in seinen Publikationen immer wieder aufgegriffen. Vgl. hierzu insbesondere seine Aussagen in: Logik des Fortschritts. Stuttgart 1977 und Gödel, Götzen und Computer. Landsberg 1986.

beide gleichermaßen notwendig und unerläßlich sind für den Bestand und die Weiterentwicklung einer jeden Gemeinschaft, eines jeden Systems. Die komplexen wechselseitigen Beziehungen zwischen den Systemen sind aber ihrer Natur nach nur begrenzt berechenbar.

Diese Restriktionen beeinträchtigen die Prinzipien der EKS-Lehre, die zu den bekanntesten »Erfolgsmethoden« zählt[1]), nicht. Der Grundsatz, konzentriere die Kräfte, um das brennendste Problem zu lösen, gilt heute verstärkt als eine wesentliche Strategie sowohl für unternehmerischen als auch für persönlichen Erfolg. Die in der Optimierungsspirale (Abb. 12) stringent zum Ausdruck kommende Forderung, statt sich am größtmöglichen Gewinn für sich selbst zu orientieren, soll man in erster Linie den größtmöglichen Nutzen für seine konkrete Zielgruppe im Auge behalten, entspricht im besten Sinne den zuvor erläuterten Strategien der Kundenorientierung.

Zahlreiche Firmen haben in mehr als zwei Dekaden feststellen können, daß bei Anwendung dieser Strategie sowohl der eigene Gewinn wächst als auch die Bewegungsfreiheit über die wachsende Anziehungskraft bei dieser Zielgruppe[2]). Dieser Erfolg ist insbesondere darauf zurückzuführen, daß die Orientierung nicht allein am Kunden erfolgt, sondern an seinen tiefer liegenden Bedürfnissen. Die Kundensignale werden schon im »Spannungsvorfeld«, nämlich bevor der Kunde selbst genau weiß, was er will, vom Unternehmen, insbesondere vom Außendienst erkannt. Mewes und seine Kollegen haben hierfür ein Schichtenmodell der Kundenprobleme erarbeitet.

Die wichtigsten Schritte der EKS-Strategie:

1) Stärkenanalyse

Sich die Eigenarten und Stärken, in denen man sich von seinen »Mitbewerbern« unterscheidet, deutlicher bewußt machen als das bisher geschieht.

Stellen Sie die Frage:

»In welchen Eigenschaften unterscheide ich mich von meinen näch-

[1]) Viele Organisationen, insbesondere mittelständische Unternehmungen der unterschiedlichsten Branchen, folgen der EKS-Lehre. Über 30000 Lehrgangsteilnehmer orientieren sich an dieser Strategie. Die Beratergruppe Strategie e. V. mit mehr als 100 selbständigen Unternehmensberatern arbeitet auf der Grundlage der EKS.

[2]) Vgl. Antoni, Manfred: Säe Nutzen – ernte Gewinn. In: Betriebswirtschafts-Magazin (BWM), Heft 8, 1985, S. 43 ff.

sten Mitbewerbern und in welchen speziellen Stärken bin ich ihnen überlegen?«

2) Chancenanalyse

3) Zielgruppenanalyse

4) Erfolgversprechende Teilzielgruppe
Aus der verschwommenen Gesamtzielgruppe die erfolgversprechendste Teilzielgruppe herausschälen:
Das ist diejenige Teilgruppe, für die man erstens aufgrund seiner speziellen Eigenarten am besten geeignet, und die zweitens nach der Stärke ihres Bedarfs die erfolgversprechendste ist.

5) Problemanalyse
Das brennendste Problem dieser Teilzielgruppe herausarbeiten:
Die wichtigeren Probleme und Wünsche dieser Teilzielgruppe systematisch erfassen. Aus ihnen ist das Problem herauszuschälen, das sie am brennendsten empfindet. Hier reagiert sie auf eine Angebotsverbesserung am positivsten, spontansten und stärksten, werden also die eigenen Überlegungen, Kräfte und Mittel am unmittelbarsten und höchsten entlohnt.

6) Problemlösung vom Geistigen oder Immateriellen her entwickeln
Von der energetischen statt der materiellen Seite in die Lösung dieses Problems und damit den Markt einsteigen:
Sich bei der Lösung jeweils auf Minimumfaktor und Minimumgruppe konzentrieren:

1) Strategie-Funktion übernehmen (d. h. Lösung zielgruppenorientiert)
2) Informationsverhältnisse verbessern
3) Komplette Problemlösungspakete, keine Einzellösung, entwickeln
4) Vorsprungs-Know-how lehren (Werbung: man gilt als der Beste)
5) Beratungsfunktion
6) Garantiefunktion
7) Kernteileproduktion (bestimmte, wichtige Teile nicht aus der Hand geben, alles andere kann delegiert werden bzw. können andere produzieren)
8) Franchising-System (kooperieren).

Zur Lösung des jeweils brennendsten Problems sind zahlreiche verschiedene Faktoren notwendig. Aus ihnen ist der Minimumfaktor und die Gruppe derer, die über ihn verfügen, herauszuschälen. Nur das machen, was man selbst am besten kann - alles delegieren, was andere besser können!
Statt sich selbst stärker anzustrengen, andere Interessen nutzen. Die eigenen Hilfskräfte aus seiner Umwelt heranziehen und mit ihrer Hilfe immer überlegenere Lösungen zu entwickeln, ist dagegen unbegrenzt.

7) *Laufende Verbesserung der Problemlösung, die sich an sich änderndem Minimumfaktor orientiert*

8) *Entwicklung eines Leitbildes*
Der Veränderung des brennendsten Problems seiner Zielgruppe folgend, sich in Richtung auf die konstante, soziale Grundaufgabe entwickeln: Die Veränderung des brennendsten Problems markiert den Pfad der größtmöglichen Bedürfnis-Befriedigung. Er ist zugleich der Pfad der stärksten Zielgruppen-Resonanz und deshalb des größtmöglichen eigenen Erfolges. Auf ihm wachsen Umsatz, Gewinn, Vormachtstellung und Sicherheit am schnellsten und stärksten.

2.5 Erfolgsfaktoren nach Wilhelm Kraut, Senior-Chef des Hauses Bizerba

Vor rund 20 Jahren notierte Wilhelm Kraut während eines Erholungsurlaubs 55 Anforderungen für eine erfolgreiche Unternehmensführung, die er einige Tage später noch um 10 weitere ergänzte. Obwohl bereits die Fahnenabzüge seines Beitrages für das 100jährige Firmenjubiläum (1966) vorlagen, schien ihm das erarbeitete System mit 65 Grundsätzen nicht genügend aussagefähig und er reduzierte es rigoros auf die drei wesentlichen Leitsätze:

- *WOLLEN*
- *DIENEN*
- *DANKEN.*

Kraut ist der Ansicht, daß der Wille Energie und Motor ist. Will man Mitarbeiter zu etwas bewegen, dann muß zuerst einmal das eigene WOLLEN groß genug sein. Daher muß ein guter Vorgesetzter vor allem auch in der Lage sein, die ihm unterstellten Mitarbeiter dahingehend zu beeinflussen, daß sie für gemeinsame Ziele streben und arbeiten. Das Ineinanderklingen zwischen den Zielen des einzelnen und den Zielen des Ganzen kann man als die Integration des Menschen in das soziale System der Unternehmung bezeichnen (Koalitionsprobleme im Gruppenkonflikt).

Es gibt zahllose Beispiele über das ausgeprägte *Wollen* im Leben von Kraut. Dies bringt stellvertretend für viele Aussagen ein Anschreiben des Betriebsrates der Bizerba-Werke Wilhelm Kraut KG an Senator Kraut zum Jahresende 1980 zum Ausdruck:

»... In Ihrem Leben hat es viele Situationen gegeben, in denen die Schwierigkeiten fast unüberwindlich schienen, die Widerstände kaum zu verkraften waren. Sie haben es dennoch geschafft und haben damit auch den Beweis erbracht, daß selbst das Glück kein Zufall sein muß, sondern, daß es immer auch bei den Menschen zu finden ist, die es verstehen, das Beste dem Leben abzutrotzen. ...«

Kraut sieht im *Dienen* das Verständnis gegenüber dem Nächsten. Dies ist insbesondere gegenüber den Kunden und den Mitarbeitern zu sehen. Für ihn ist beispielsweise der Kundendienst fest und unverrückbar mit dem DIENEN verbunden. »Nur wer seinen Kunden dient, darf ihrer Zufriedenheit sicher sein.« Gegenüber seinen Mitarbeitern kommt Kraut zu folgenden Aussagen:

»Sicherlich kommt es in jedem Unternehmen einmal vor, daß ein Vorgesetzter einen Mitarbeiter ungerecht behandelt. Darum sollte jeder wissen, daß er seine Sache dem Chef vorbringen darf und daß er Anspruch darauf hat, gerecht behandelt zu werden. Die Gerechtigkeit sollte aber nur das moralische Minimum sein. Darüber hinaus verdient jeder Mitarbeiter die Hilfsbereitschaft und die tatsächliche Hilfe durch die Unternehmensführung. Die Fürsorgepflicht des Unternehmers muß so ernst genommen werden wie die des Vaters in einer Familie.«

Das *Danken* ist nach Kraut unmittelbar mit dem WOLLEN und DIENEN verbunden, es ist keine untergeordnete Funktion. Ohne den Grundsatz DANKEN bleiben die Grundsätze WOLLEN und DIENEN ein Torso. Dank bedeutet Wertschätzung erweisen für einen Gruß, für einen Wunsch, für einen Gefallen oder für jede, auch die kleinste Mitarbeit. Kraut vertritt die Ansicht, daß Lob, Anerkennung und vor allem aber auch das Geben die schönste Form des Dankens sind. Dies wird im

Hause Bizerba gegenüber allen Mitgliedern der Organisation praktiziert: an Mitarbeitern, Kunden, Lieferanten und der Öffentlichkeit.

»Wir hatten das Glück, mit Menschen zusammenzuarbeiten, die diese Grundsätze honorieren, fördern oder selbst anwenden. Darum die gute Zusammenarbeit:

- mit unseren Kunden, weil auch sie Qualität und besondere Leistungen anerkennen,
- mit unseren Lieferanten und außerbetrieblichen Mitarbeitern, weil auch sie ein solides Geschäftsgebaren und ein harmonisches Klima schätzen,
- mit den Behörden, weil auch sie ein freundliches, aber sauberes Verhältnis lieben,
- mit unseren In- und Auslandsvertretungen, weil auch sie den Gedanken der Gemeinschaft und des Zusammenhalts über ungesunde Einzelinteressen stellen,
- mit den Freunden unseres Hauses, weil auch für sie die Worte ‚Geben und Nehmen' zusammengehören,
- mit den vielen Bizerba-Angehörigen, weil es auch für sie mehr gibt als nur das rein Materielle oder die Sicherheit des Arbeitsplatzes, nämlich: Vertrauen und Treue.«

3. Das Modell der 6 Erfolgsfaktoren und methodische Hinweise zur Durchführung

3.1 Die 6 wesentlichen Erfolgsfaktoren

Analysiert man die Gemeinsamkeiten der in Kapitel 2 skizzierten Strategien und Konzepte, so lassen sich vereinfacht die folgenden 6 Faktoren erkennen:

1) Geschäftsgrundsätze und Ziel-/Kontrollsysteme
2) Strategieorientierte Organisation
3) Verstärkte Nutzung des Mitarbeiter-Potentials
4) Effizientes Führungssystem
5) Marktnahes Informations- und Kommunikationssystem
6) Praktizierte Kundennähe.

Die Einbindung der Erfolgsfaktoren ist durch die Kundenorientierung und die Informationssysteme gegeben (siehe Abb. 13).

Die *Kundenorientierung* wird zwar seit rund zwei Dekaden verstärkt propagiert und gefordert, dennoch spricht die Unternehmenspraxis häufig eine andere Sprache. In der heutigen Zeit wird verstärkt vorgeschlagen, daß es wesentlich sinnvoller ist, den Kunden im Mittelpunkt des Denkens zu sehen und die Kosten im Rahmen des betriebswirtschaftlich Notwendigen zu optimieren, als ein absolutes Kostendenken dem Kundeninteresse überzuordnen. Diese Überlegungen decken sich mit den von Porter entwickelten Strategiekonzepten. Er unterscheidet zwischen »Kostenführerschaft«, »Differenzierung« und »Nischenstrategien«. Die Essenz der Kundenorientierung ist der Weg von der Kostenführerschaft zu einer Differenzierung des Angebots und der Konzentration auf Schwerpunkte[1]).

Eine wesentliche Unterstützung erfahren alle Erfolgsfaktoren durch die verfügbaren *Informationssysteme.* Gerade dieser Erfolgsfaktor rückt immer mehr in den Vordergrund unternehmerischer Aktivitäten. Der Nutzen dieser Systeme wird nicht nur in den erzielbaren Rationalisierungschancen gesehen, sondern mehr und mehr als Wettbewerbsfaktor bei der Realisierung innovativer Marktchancen. Effiziente Informationssysteme haben positive Auswirkungen auch auf die anderen Erfolgsfaktoren.

So kann z. B. der *Einfluß moderner Informations- und Kommunikationstechniken* auf die Erfolgsfaktoren u. a. gesehen werden in :

Geschäftsgrundsätze und Ziel-/Kontrollsysteme

- Bessere Transparenz für alle Beteiligten
- Schnellere Transmission an den Markt
- Rasche Rückkoppelung vom Markt
- Möglichst vollständige Abbildung der Realität
- »Zeitgerechte« Abwicklung und Dokumentation des Geschehens
- Aktuellere Informationsstände
- Effizienter Kontrollgrad

Strategieorientierte Organisationsgestaltung

- Genauere Anpassung der Struktur an Markt- und Produkterfordernisse
- Größere Flexibilität durch ausgewogenes Verhältnis von standardisierter und individueller Organisation
- Erhöhung der Reaktionsfähigkeit der Organisation
- Hoher Servicegrad
- Bessere Ausrichtung des Kommunikationsflusses in der Organisation nach Wettbewerbserfordernissen

Verstärkte Nutzung des Mitarbeiterpotentials

- Trennung von Routine- und kreativer Arbeit

[1]) Vgl. Porter, Michael E.: Wettbewerbsstrategie. Frankfurt 1983, S. 67 ff.

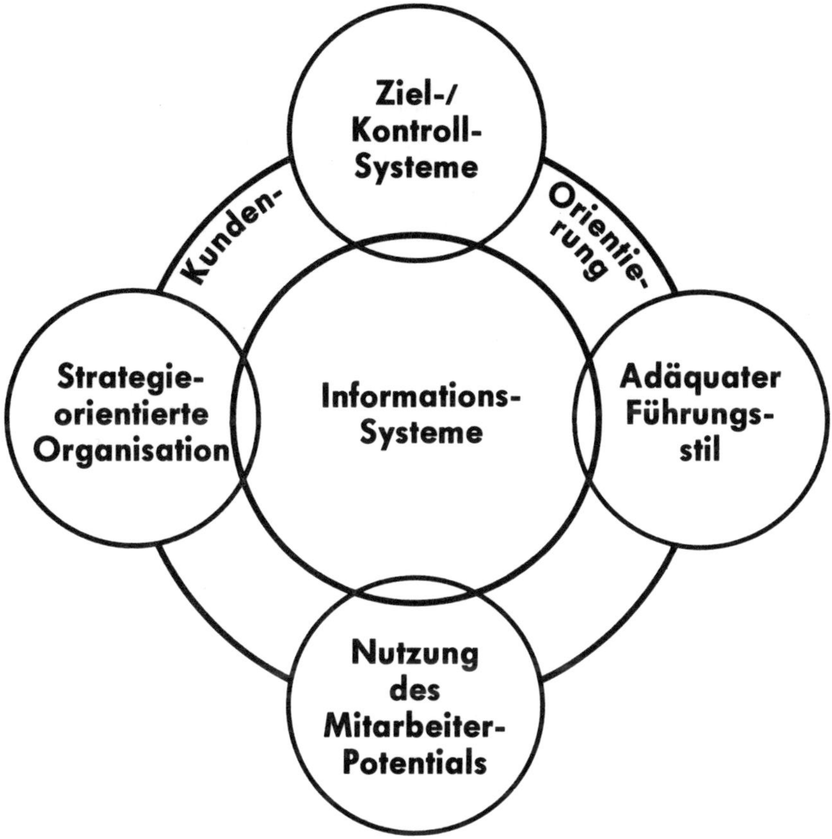

Abbildung 13: Erfolgsfaktoren und ihre Interdependenz.

- Förderung und Unterstützung kreativer Aufgaben
- Teamarbeit von Spezialisten
- Erhöhte Motivation zu Neuem
- Datenverfügbarkeit für individuelle Analysen

Effizientes Führungssystem

- Im Innen- und Außenverhältnis
- Kommunikative Freiräume
- Rationelle Abwicklung der Administration

Kundenorientierung

- Bessere Informationen über den Kunden
- Umfassender Beratungsservice
- Unterstützung bei individuellen Problemlösungen
- Effiziente Abwicklung des Verkaufsgeschehens

Der wesentliche Einfluß der Informations- und Kommunikationstechniken auf die anderen Erfolgsfaktoren ist unverkennbar. Mehr und mehr wird die Informationsverarbeitung zum zentralen Mittelpunkt erfolgreicher Unternehmensführung. Vor diesem Hintergrund müßte auch das 7S's Atom von seiner ursprünglichen Form (siehe Abb. 14) in eine neue Anordnung überführt werden (siehe Abb. 15).

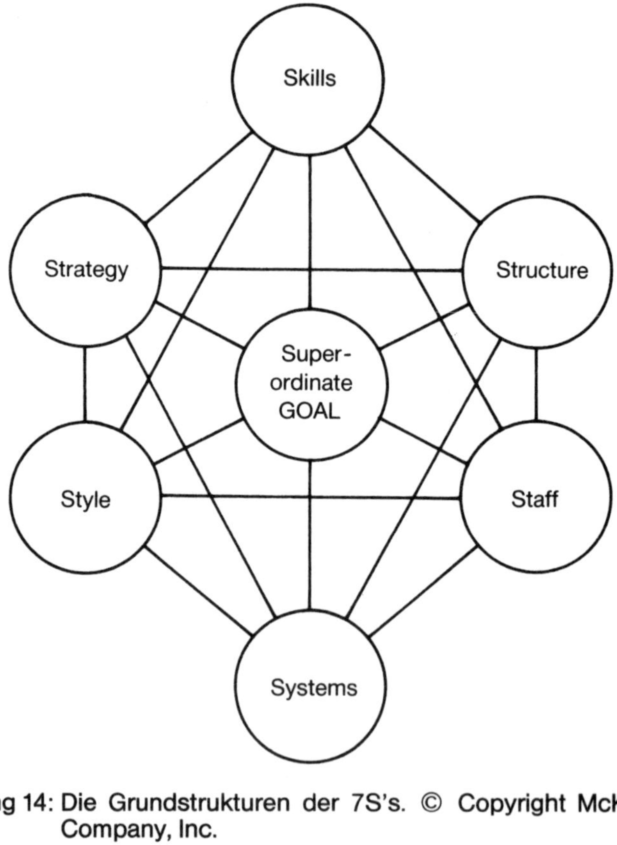

Abbildung 14: Die Grundstrukturen der 7S's. © Copyright McKinsey & Company, Inc.

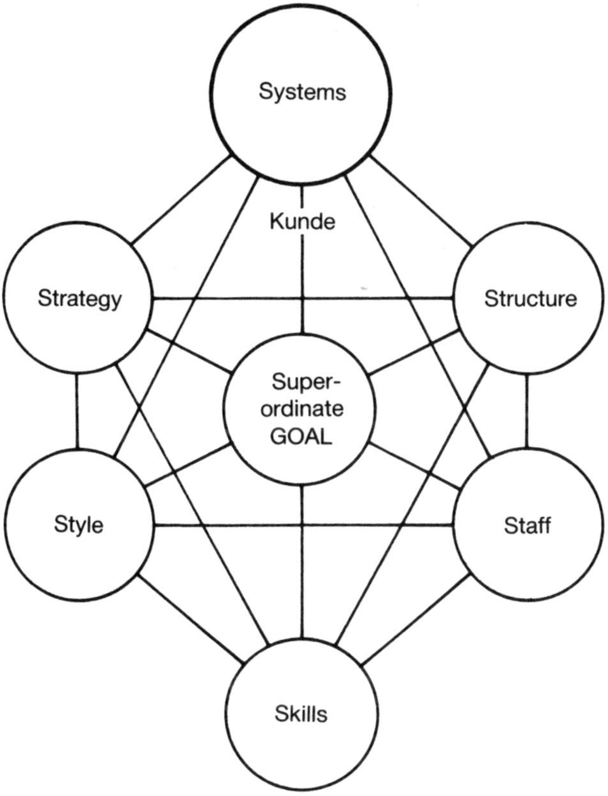

Abbildung 15: Neuordnung der 7S's.

3.2 Das Phasenmodell und die Standortbestimmung

Allen komplexen Systemen ist gemein, daß sie Entwicklungen mitmachen. Jede Organisation, kybernetisch als äußerst komplexes, probabilistisches System beschrieben, macht im Verlaufe des Bestehens verschiedene Phasen durch.

In der Literatur gibt es eine Reihe von Phasenmodellen. So hat sich z. B. Bleicher[1]) intensiv mit Phasenmodellen auseinandergesetzt. Erwähnt sei auch die Entwicklung des strategischen Information-Resource-Managements nach einem 4-Phasen-Modell von Gluck, Kaufmann und Walleck[2]) sowie das Modell der Entwicklung von Informationssystemen nach Nolan[3]). Die folgenden Ausführungen sehen ein Modell vor, das die nachstehend genannten Phasen unterscheidet:

- Start
- Ausweitung
- Konsolidierung
- Wachstum
- Integration.

Dabei nimmt üblicherweise der Reifegrad und die Ausprägung der einzelnen Erfolgsfaktoren von der Phase 1 zur Phase 5 zu. Hier muß nochmals betont werden, daß eine starre Fixierung auf die 5 Phasen und eine Finalisierung nicht möglich ist. Es werden laufend neue Unternehmensprozesse initiiert und dadurch ändert sich das Bild immer wieder.

Tabelle 1 gibt einen generellen Überblick über die in den einzelnen Phasen meist anzutreffenden Aktivitäten und der jeweiligen Orientierung. Diese Tabelle versucht durch wenige Indikatoren Hinweise auf die allgemeine Unternehmensentwicklung aufzuzeigen.

Bei den in den folgenden Kapiteln behandelten Erfolgsfaktoren werden die für jede Phase wesentlichen Kennzeichnungen kurz beschrieben. Dabei sollten bezüglich der Einordnung folgende Überlegungen Berücksichtigung finden:

- Bei der Erarbeitung des Standorts der einzelnen Erfolgsfaktoren sollten zunächst die Indikatoren für die 5 Phasen erweitert werden. Als Anhaltspunkt kann hier die differenzierte Darstellung des Indikatorensystems bei dem Erfolgsfaktor Informationssysteme herangezogen werden.

[1]) Vgl. Bleicher, Knut: Unternehmensentwicklung und organisatorische Gestaltung. Stuttgart 1979.

[2]) Vgl. Gluck, F. W., Kaufmann, S. P., Walleck, A. S.: Strategic Management for Competitive Advantage. In: Harvard Business Review, July/August 1980, P. 154 ff.

[3]) Vgl. Nolan, R. L.: Managing the Crisis in Data Processing. In: Harvard Business Review, March/April 1979, P. 115 ff.

I Start	II Ausweitung	III Konsolidierung	IV Wachstum	V Integration
AKTIVITÄTEN				
- Pionierverhalten - Keine klaren Ziele - Keine schriftliche Fixierung der Ziele	- Fixierung von Zielen, insbesondere Umsatzziele	- Budgetvorgaben für einzelne Funktionsbereiche - Kontrolle der Einhaltung	- Übergreifendes Planungs- und Kontrollsystem - Sporadische Prüfpunkte	- Flexible Strategieplanung und Aktualisierung - Wechselnde Orientierung an Marktgegebenheiten
ORIENTIERUNG				
- Daumenregel	- Umsatzdenken	- Kostendenken - Ablaufüberwachung	- Gewinndenken - Differenzierte Finanzkennzahlenüberwachung	- Renditedenken - Marktdenken - Denken in wettbewerblichen Zusammenhängen - Initiierung neuer Unternehmensprozesse

Tabelle 1: Unternehmensphasen

- Weitere Hinweise für mögliche Indikatoren ergeben sich aus den Ausführungen zu den einzelnen Erfolgsfaktoren.
- Es ist zweckmäßig, die Indikatoren um die für die jeweilige Branche zweckmäßigen Aussagen zu ergänzen.
- Nach der Vervollständigung des Indikatorensystems ist eine Standortbestimmung für die in Frage kommende Phase vorzunehmen. Sicherlich ist bei einer erweiterten Beschreibung der Indikatoren eine lupenreine Einordnung in eine bestimmte Phase nur selten möglich.
- Entscheidend ist der Schwerpunkt der Einordnung. Es ist durchaus denkbar, daß der erreichte Reifegrad in einzelnen Unternehmensbereichen unterschiedlich hoch ist.

- Für die Ermittlung des Standorts kommen vorwiegend die Interview-Technik, Befragungen und die Fragebogen-Technik (z. B. erarbeitete Checklisten) in Frage. Die zweckmäßige Methode wird vorwiegend bestimmt durch die Unternehmensgröße, die vorhandene Transparenz und den erreichten Organisationsgrad.

Hat man für alle Erfolgsfaktoren eine Standortbestimmung vorgenommen, dann erhält man die in Tabelle 2 dargestellte Matrix, die es den einzelnen Organisationen ermöglicht, die jeweilige Ausprägung zu bestimmen. Daraus können die Entscheidungsträger ableiten, was bezüglich der Realisierung der einzelnen Erfolgsfaktoren vorrangig ist.

Die Standortbestimmung bei den einzelnen Erfolgsfaktoren wird durch die *Beschreibung von Indikatoren* erleichtert.

Phase Erfolgsfaktoren	I Start	II Aus- weitung	III Konsoli- dierung	IV Wachs- tum	V Inte- gration
1. Geschäftsgrundsätze; Ziel-/Kontrollsysteme					
2. Organisation					
3. Mitarbeiter					
4. Führungssystem					
5. Informationssystem					
6. Kundennähe					

Tabelle 2: Matrix der Erfolgsfaktoren

3.3 Überlegungen zur Weiterentwicklung

Nach der Standortbestimmung bezüglich der Ausprägung des einzelnen Erfolgsfaktors geht es um deren Weiterentwicklung. Dabei ist es unabdingbar, für jede Organisation die Erfolgsfaktoren auf das spezifische Umfeld und die betriebliche Situation hin zu analysieren, formalisieren und - soweit möglich - meßbar zu machen. Um dieses Ziel zu erreichen, dürfte ein deduktives Vorgehen sinnvoll sein. Dies könnte aus folgenden Schritten bestehen:

1) Welches sind die generellen Erfolgsfaktoren?

2) Welche wesentlichen Branchenfaktoren gibt es?

3) Wie stellen sich die spezifischen Unternehmensfaktoren dar?

4) Welche prozeßorientierte (funktionsorientierte) Faktoren gibt es?

5) Wie sind die individuellen Faktoren zu sehen?

Das System der Erfolgsfaktoren ist aus Abbildung 16 zu ersehen.

Es empfiehlt sich, von den allgemeinen Erfolgsfaktoren auszugehen und diese in den weiteren Schritten für einzelne Branchen, Unternehmen, Prozesse und Personen zu präzisieren. Ein Beispiel dieser Vorgehensweise ist aus der Abbildung 17 ersichtlich.

Es ist ohne Frage, daß die zeitliche Komponente und die Entwicklung der Umfelddaten einen wichtigen Einfluß auf die Erfolgsfaktoren haben. Eine grobe Strukturierung enthält Abbildung 18. Ein Beispiel der zeitlichen Komponente auf den Einfluß der Branchen-Erfolgsfaktoren sei am Beispiel der Automobilbranche kurz dargestellt. In den 60er Jahren hatte der Erfolgsfaktor »Styling« einen hohen Stellenwert. Dieser ist heute sicherlich nicht mehr so bedeutsam. Dagegen müssen derzeit verstärkt berücksichtigt werden:

- Energieknappheit
- Umweltbelastungen
- Qualität der Serviceorganisation
- Große Serviceintervalle.

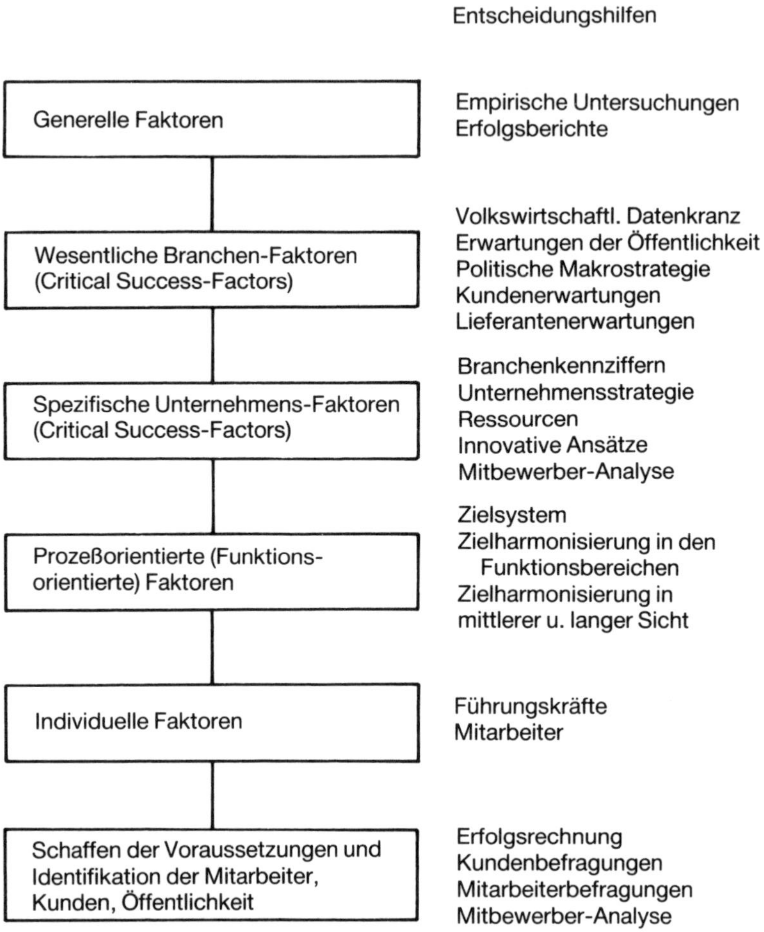

Abbildung 16: Ableitung der individuellen Erfolgsfaktoren.

Hinsichtlich der Bestimmung einzelner Erfolgsfaktoren könnten die nachstehenden Fragen Hilfestellungen geben.

1) Wie sehen Sie eine erste grobe Einordnung Ihres Hauses in das Phasenschema bezüglich des jeweiligen Erfolgsfaktors?

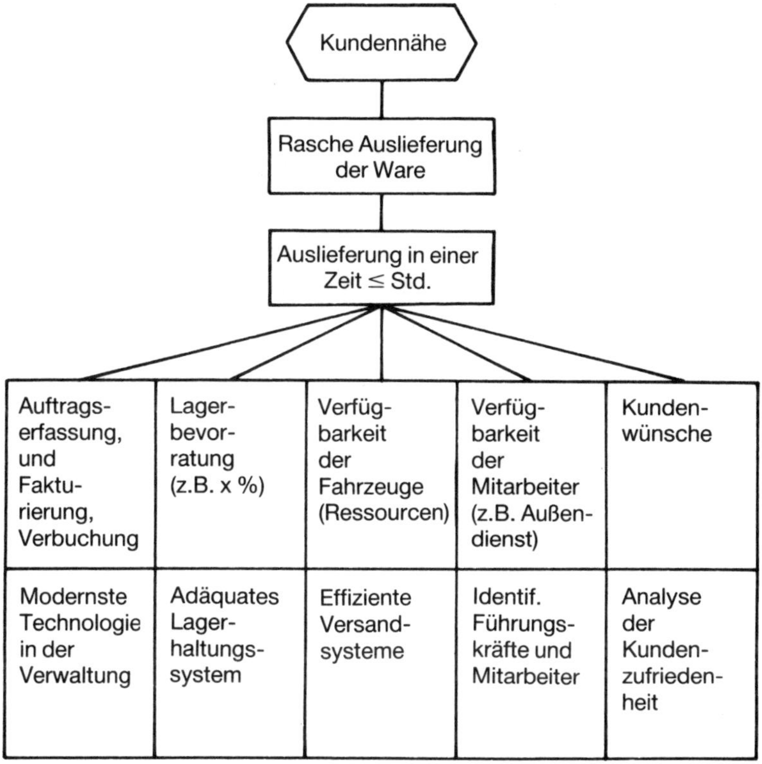

Abbildung 17: Auflösung der Erfolgsfaktoren.

2) Versuchen Sie diesen Erfolgsfaktor für Ihre Branche zu präzisieren.
   a) Ergänzen und modifizieren Sie das Phasenschema (z. B. durch Nennung weiterer Indikatoren) mit branchenspezifischen Inhalten.
   b) Welche »Critical Success Factors« gibt es für diesen Erfolgsfaktor in Ihrer Branche[1])?
   c) Wie sind diese Faktoren bei den Konkurrenten ausgeprägt[2])?

[1]) Vgl. hierzu die Idee des Strategic Issue Managements von Ansoff. Siehe Ansoff, H. Igor: Implanting Strategic Management. Englewood Cliffs 1984, P. 337.
[2]) Vgl. hierzu Porter, Michael E.: a. a. O., S. 78 ff.

3) Auf welche »Critical Success Factors« legen Sie in Ihrem Hause Wert?

4) Wie sehen Sie die kritischen Erfolgsfaktoren für einzelne Prozesse?

5) Wie können die »Critical Success Factors« in Ihrer Organisation verbessert werden?

   a) Welche Voraussetzungen sind erforderlich?

   b) Welche Aktivitäten lassen sich ansetzen?

Genereller Erfolgs-Faktor (1)	Wesentliche Branchen-Faktoren (2)	Spezifische Unternehmens-Faktoren (3)	Welche Faktoren sind von besonderer Bedeutung? (4)	Erforderliche Voraussetzungen (5)	Was sollte bei uns getan werden? (6)	Frist (7)

Tabelle 3: Ableitung der spezifischen Unternehmensfaktoren

Nach der Einordnung Ihres Unternehmens bezüglich des Standes der einzelnen Erfolgsfaktoren sollten Sie versuchen, die angegebenen Fragen zu beantworten und Vorschläge für die Weiterentwicklung der Erfolgsfaktoren zu erarbeiten.

Ziel Ihrer Überlegungen sollten konkrete Vorschläge sein.

Der Ansatz zu einem möglichen Aktionsplan ist bereits dann gegeben, wenn Sie die Fristigkeit fixieren. Ein möglicher Formularaufbau ist der Tabelle 3 zu entnehmen.

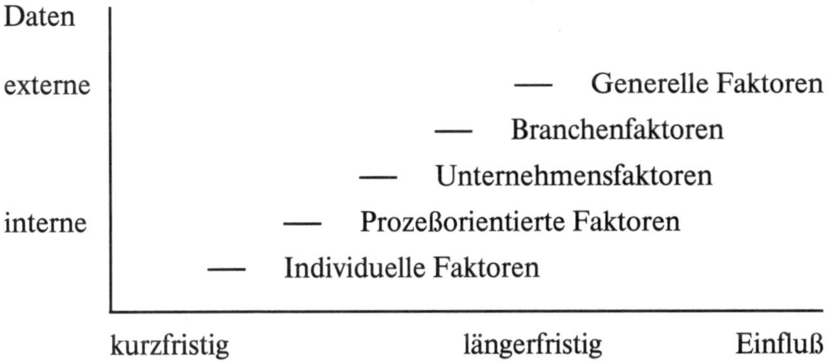

Abbildung 18: Einfluß der Zeit und des Datenumfeldes auf die Erfolgsfaktoren.

Hat man für alle 6 Erfolgsfaktoren eine Standortbestimmung vorgenommen und Vorschläge für die Weiterentwicklung der einzelnen Faktoren erarbeitet, sind Überlegungen bezüglich der Priorisierung der Aktivitäten ins Auge zu fassen. Die Prioritätenfolge kann u. a. beeinflußt werden von:

- Streben nach einer Harmonisierung der Erfolgsfaktoren bei unterschiedlichem Ausprägungsgrad
- Verfolgte Strategie
- Branchenentwicklung
- Konkurrenzsituation
- Stärken der Wirtschafts-/Verwaltungsorganisation
- Engpaßsituationen.

3.4 Methodische Hinweise zur Erarbeitung von Vorschlägen über die Weiterentwicklung der Erfolgsfaktoren

Von der methodischen Seite empfiehlt sich bei der Gewinnung von Vorschlägen bezüglich der Weiterentwicklung der Einsatz der Kartenabfrage. Die Kartenabfrage, institutionalisiertes und zu einem umfassenden System (Metaplan)[1]) von den Gebrüdern Schnelle, Quickborn, weiterentwickelt, geht von folgenden Spielregeln aus:

1) Die Diskussionsbeiträge erfolgen vorwiegend schriftlich

- Jeder Teilnehmer kann seine Aussagen (z. B. zu den kritischen Erfolgsfaktoren) auf Karten niederschreiben.
- Die Karten (Größe: etwa 10 x 20 Zentimeter) können 3zeilig mit Filzschreibern beschriftet werden.
- Jede Karte kann nur eine Aussage aufnehmen. Dies bedeutet, daß der Teilnehmer sich kurz zu fassen hat. Eine Beschränkung der Aussage auf sieben Worte wird empfohlen.
- Mündliche Beiträge sollten auf eine bestimmte Zeit, zum Beispiel 30 Sekunden Sprechzeit, begrenzt werden.

2) Einsammeln und Mischen der Karten

- Die Teilnehmer können in Ruhe ihre Beiträge ausschreiben.
- Sollten nicht genügend Ideen zusammengekommen sein, gibt der Moderator weitergehende Hinweise.
- Der Moderator weist beim Einsammeln der Karten auf die Möglichkeit hin, daß Karten noch nachgereicht werden können.
- Während des Einholens der Karten sollten diese vom Moderator gemischt werden.

3) Anstecken und Ordnen der Karten

- Vor dem Anstecken der Karten an eine Pinnwand liest der Moderator jede Karte vor. Er zeigt diese dabei sichtbar den Teilnehmern.
- Bei Verständnisfragen wird nachgefragt, eventuell sind ergänzende Karten zu schreiben.
- Der Moderator sollte den Inhalt der Karten nicht kommentieren.

[1]) Vgl. hierzu z. B. Derschka, Peter und Gottschall, Dietmar: Metaplan – Das Geheimnis der Wolke. In: Management Wissen, Heft 12, 1984, S. 17 ff.

- Alle Karten mit gleichlautendem oder verwandtem Inhalt werden zu Gruppen zusammengefaßt.
- Sind alle Karten angebracht und soweit möglich zu Gruppen geordnet, sind Oberbegriffe für die einzelnen Gruppen zu finden.
- Die Oberbegriffe werden üblicherweise auf runde Karten geschrieben.

4) Gewichten der Oberbegriffe

- Die Teilnehmer erhalten je nach Anzahl der Gruppen (Cluster) eine bestimmte Menge von Markierungspunkten (zum Beispiel 3 bis 6).
- Jeder Teilnehmer vergibt entsprechend seiner Wertschätzung Markierungspunkte für die einzelnen Oberbegriffe.
- Das Ergebnis der Gewichtung ist eine Priorisierung der einzelnen Aufgaben, Problemfelder oder Lösungsvorschläge aus der Sicht der Gruppe.
- Die Gruppe muß gesamtheitlich das Ergebnis annehmen. Einwände sind zu markieren (zum Beispiel durch Pfeile).

Beispiel für den Ablauf einer Kartenabfrage

1) Gemeinsames Erarbeiten der Aufgabenstellung

- Welches Ziel wird angestrebt?
- Was ist aus der Sicht der Teilnehmer wichtig?
- Formulierung der Problemstellung in Frageform.
- Herausarbeiten der zum Problem gehörenden wesentlichen Fragen.
- Welchen Stellenwert haben welche Fragen aus der Sicht der Teilnehmer?
- Entscheidung durch die Teilnehmer mittels Markierungspunkten.

2) Problem-Auffächerung

- Aufgliederung je nach Fachthema in Teilgebiete, die von Kleingruppen parallel bearbeitet werden können.
- Wo müßte man ansetzen, um die Problemlösung zu erreichen?
- Erarbeitung von alternativen Lösungsansätzen im Plenum.
- Über welche Ansatzpunkte soll hier und jetzt genauer und tiefergehend in Kleingruppen gearbeitet werden?

- Welche Leitideen sollen weiter verfolgt werden?
- Entscheidung durch die Teilnehmer mittels Markierungspunkten.

3) Erarbeitung von Lösungsansätzen

- In Kleingruppen pro Teilgebiet.
- Formulierung der Teilaufgabe in Frageform.
- Sammeln von Lösungsansätzen zu der Fragestellung.
- Ordnen und Strukturieren der Lösungsansätze.
- Gewichten der Lösungsansätze mit Markierungspunkten.
- Zusammenfassen und Aktionsplan-Ansätze aufstellen.

4) Erarbeitung eines Gesamtlösungskatalogs

- Vorstellen der Kleingruppen-Ergebnisse im Plenum.
- Diskussion der Teilergebnisse.
- Abstimmung und Gewichtung der Ergebnisse.
- Was soll erreicht werden?
- Welche Risikofaktoren bestehen? Welche Realisierungschancen?
- Wer soll was tun? (Problemlösungs-Maßnahmen)
- In welcher Vorgehensweise?
- Wer ist verantwortlich?

Ergebnis einer Kartenabfrage

Zum Ende einer Gruppenarbeit mit Kartenabfrage ist es für jeden Teilnehmer wichtig zu wissen, ob und wie es weitergehen soll.

Durch einen Tätigkeitskatalog erhält man die Festlegung von Folgeaktivitäten.

Dieser Tätigkeitskatalog ist ein konkretes Arbeitspapier. Er soll eine verbindliche Aussage machen

- über verantwortliche und beteiligte Personen, Gruppen,
- über die Zeitplanung,
- über die Art des angestrebten Ergebnisses.

An der Aufstellung dieses Tätigkeitskatalogs wird die gesamte Gruppe beteiligt.

Wie sieht ein solcher Tätigkeitskatalog nun aus:

Tätigkeiten	Wer	Mit wem	Zeit	Art des Ergebnisses
1				
2				
3				
4				

Mit der Hilfe der Methode der Kartenabfrage könnten bezüglich der Bestimmung der Erfolgsfaktoren folgende Lösungsversuche ins Auge gefaßt werden (siehe hierzu die Tabelle für jeden einzelnen Erfolgsfaktor »Ableitung der Erfolgsfaktoren und Aktivitäten«):

1) Wesentliche Branchenfaktoren
2) Spezifische Unternehmensfaktoren
3) Welche Faktoren sind von besonderer Bedeutung?
4) Erforderliche Voraussetzungen für die Realisierung?
5) Was sollte bei uns konkret getan werden (Aktivitätenplan)?

3.5 Aktive Mitwirkung der Unternehmensleitung und Werbung um Mitarbeit

- Man sollte sich darüber im klaren sein, daß der Erfolg bezüglich der Anwendung und Umsetzung dieses Modells entscheidend von der Mitwirkung der Unternehmensleitung abhängt. Die Art und Weise der Mitwirkung wird u. a. beeinflußt von der Unternehmensgröße und dem Organisationsgrad. Wenn es für die Mitwirkung auch kein Patentrezept gibt, so soll im folgenden doch versucht werden, einen Überblick über die wichtigsten »Gebote« für die Unternehmensleitung zu geben:

  - Sie hat die Erfolgsfaktoren zu kennen und das Modell im Grundsatz zu bejahen. Firmenspezifische Überlegungen sind von ihr zu konkretisieren.
  - Sie muß, sofern noch nicht vorhanden, die Geschäftsgrundsätze und Strategien festlegen. Zur Definition der Strategie muß auch die vorbehaltlose Bekanntgabe der zukünftigen Unternehmenspolitik gehören. Das oft überschätzte Prinzip der Geheimhaltung muß in diesen Fällen unter Umständen durchbrochen werden.
  - Die Unternehmensleitung muß bei der Realisierung dieses Modells in der Verantwortung bleiben.
  - Sie kann jedoch nur dann in der Verantwortung bleiben, wenn sie in der Lage ist, die Arbeit der Fachleute zu verstehen und zu kritisieren. Dabei ist mit Nachdruck zu empfehlen, daß das Management z. B. die Tendenzen der Datenverarbeitung kennt.
  - Sie muß sich der Bedeutung des Vorhabens bewußt sein. Sie sollte dafür einen Projektleiter ernennen und dessen Kompetenzen festlegen.
  - Die Unternehmensleitung gibt alle notwendigen Hilfen bei der Einführung der fixierten Vorschläge.
  - Sie ist verantwortlich für das Vertrauen ihrer Mitarbeiter in die neuen Vorhaben.
- Die Motivation der Mitarbeiter ist eine wesentliche Voraussetzung für die Umsetzung dieses Modells. Sie muß bereits vor dem eigentlichen Projektbeginn erfolgen. Werden die Mitarbeiter nicht richtig über die geplanten Aktivitäten informiert, kann das Gesamtprojekt schon von Anfang an empfindlich gestört werden, z. B. durch
  - das Zurückhalten von wesentlichen Informationen bei den Untersuchungen zur Standort-Bestimmung
  - das Vermitteln von bewußt falschen Informationen
  - die mangelhafte Beteiligung der Betroffenen.
- Bei der Motivation der Mitarbeiter ist insbesondere wesentlich, daß das Streben nach Ziel-Kontinuität zwischen dem Erreichen des Organisationszieles und dem persönlichen Ziel der Mitarbeiter im Vordergrund steht. Ein Mitarbeiter wird sich nur dann voll im Interesse der Unternehmung einsetzen, wenn er auch zu einem Gewinn an Berufserfolg, d. h. zu einem echten Erfolgserlebnis gelangt. Dies bedeutet, daß bei den Benutzern die hemmenden Faktoren reduziert und die fördernden Faktoren mobilisiert werden.

4. Erfolgsfaktor 1: Geschäftsgrundsätze und Ziel-/Kontrollsysteme

4.1 Thesen und Aussagen zu Geschäftsgrundsätzen

- Geschäftsgrundsätze bilden den Rahmen für das betriebliche Entscheidungsfeld. Sie sind oberstes Gesetz einer Organisation, an dem unter allen Umständen festgehalten werden muß. Im Rahmen dieser Ausarbeitung werden die Begriffe Geschäftsgrundsätze, Unternehmensgrundsätze, Führungsphilosophie, Unternehmenskultur und corporate identity synonym betrachtet. Es ist Heinen zuzustimmen, wenn er als Unternehmenskultur das Werte- und Normengefüge der Zweckgemeinschaft Unternehmen versteht[1]).
- Während die Geschäftsgrundsätze normalerweise unveränderlich sind und die Unternehmensphilosophie darstellen, können sich Unternehmensziele sehr wohl ändern. Sie sind dem kontinuierlichen Prozeß der Formulierung, Festsetzung und Anpassung unterworfen. Die Unternehmensziele sind daher nicht zu verwechseln mit den Geschäftsgrundsätzen (siehe Abbildung 19).
- Thomas Watson, Gründer der IBM, hat seine Grundsätze in den 30er Jahren in dem Buch »A Business and its Beliefs« zusammengefaßt: »Ich glaube, daß jede Organisation, um zu überleben und Erfolg zu erzielen, in vieler Hinsicht feste Grundsätze haben muß, auf die sie ihre Politik und ihr Handeln begründet. Ich glaube weiter, daß der bedeutendste Faktor für den Erfolg eines Unternehmens die Konsequenz ist, mit der es diesen Prinzipien entsprechend handelt.« Die

[1]) Vgl. Heinen, Edmund: Entscheidungsorientierte Betriebswirtschaftslehre und Unternehmenskultur. In: Zeitschrift für Betriebswirtschaft, 55. Jg., 1985, Heft 10, S. 987.

Grundregeln dieser von Watson in »Beton gegossenen Unternehmenskultur« sind nach wie vor unantastbar[1]).

- Wilhelm Kraut, Seniorchef des Hauses Bizerba: »Ein auf Dauer und Bestand gerichtetes Unternehmen muß zunächst feste Grundsätze haben, es muß sie mit dem Wachstum ausbauen und stets danach handeln.«
- Führungskräfte und Mitarbeiter müssen sich mit den Grundsätzen identifizieren.
  - Es ist eine wesentliche Forderung für eine erfolgreiche Unternehmensführung, daß eine Identifikation der Mitarbeiter mit den Unternehmensgrundsätzen erreicht wird.
  - Unternehmensgrundsätze wurden meistens von starken Persönlichkeiten initiiert. Heute muß durch das Vorleben dieser Grundsätze gerade die Führungsmannschaft ein Beispiel geben.
  - Die Führungskräfte aller Stufen sind gefordert, »ihre Vorbild- und Führungsfunktion in fachlicher wie auch in persönlicher Hinsicht wahrzunehmen und damit der jeweiligen Unternehmenskultur ihren Stempel aufzudrücken. Dies kann jedoch nur gelingen, wenn sich die Manager konsequent im Sinne der gewollten Unternehmenskultur verhalten[2])«.
- Unternehmensgrundsätze schaffen in Unternehmen ein »Wir-Gefühl«, das eine hohe Leistungsbereitschaft auf allen Ebenen initiiert. »Wo die Ziele und Interessen, Einstellungen und Wertorientierung eines Unternehmens verstanden und akzeptiert werden, kann sich ein betriebliches Erlebnisklima bilden, in dem Leistungswille, kreative Eigeninitiative, Disziplin und komplexes Problembewußtsein das Leistungsergebnis steigern helfen[3])«.
- Die Geschäftsgrundsätze können u. a. festlegen
  - *Das Tätigkeitsfeld der Unternehmung* (Produktlinien, industrielle Konzeption, Abnehmerkreis, nationale - internationale Aktivitäten)
  - *Die Wachstums- und Expansionspolitik* (Vorbedingungen, Grenzen, Vorgehen, Konkurrenz)

[1]) Vgl. o. V.: Unternehmenskultur: Bewegung mit Werten. In: Wirtschaftswoche, Nr. 47, 1985, S. 47.

[2]) Hartfelder, Dieter: Man wollte doch den harten Führungsstil abbauen. In: Management-Zeitschrift IO, Heft 10, 1985, S. 461 f.

[3]) Nuber, Karl Heinz: Management by Corporate Identity. In: Harvard Manager, No. 3, 1985, P. 105.

- *Die Finanzpolitik* (Finanzierung, Investition, Kredit-, Gewinn-, Bilanzpolitik, Kostenrechnung)
- *Die Absatzpolitik* (Auftragsstruktur, Leistungsbereitschaft, Absatzmethode, Absatzwege, Werbepolitik, Preispolitik, Kundendienst)
- *Die Beschaffungspolitik* (Lager- und Vorratspolitik, Kredit und Leasing)
- *Die Beziehungen zu Kapitalgebern* (Banken, Anteilseigner)
- *Die Beziehungen zu den Mitarbeitern* (Personalpolitik, Einstellungsprinzipien, Gehalts- und Pensionspolitik, Mitbestimmung)
- *Die Beziehungen zur Öffentlichkeit, Verbänden, staatlichen Institutionen* (Public-Relations, Informationspolitik).

Durch das Vorhandensein von Geschäftsgrundsätzen wird für die Organisationsmitglieder ein stabiler, sozialer Bezugsrahmen geformt, in dem sie Zusammenhalt und Unterstützung finden. Dies hat einen höheren Grad an Übereinstimmung in bezug auf unternehmerische Aktivitäten zur Folge[1]).

- Die Vermittlung und Stabilisierung der Geschäftsgrundsätze erfolgt im täglichen Geschäft
  Maßnahmen können sein[2]):
  - Rituale wie Auszeichnungen und Prämien für besondere Verkaufserfolge, Tag der offenen Tür, tägliche Mitarbeiterinformationen, Veröffentlichung der Quartalsergebnisse der Unternehmung, Veröffentlichung der Ergebnisse von Kundenbefragungen.
  - Verhalten der Vorgesetzten und Mitarbeiter bei Vorträgen, Diskussionen usw., in dem die jeweiligen Ziele, Ergebnisse und Problemfelder in die Unternehmensgrundsätze und Unternehmensziele eingeordnet werden.
  - Innovative Mitarbeiter und Gruppen mit weiteren Aufgaben und Projekten zu betrauen.
  - Umfassendes Rotationsprinzip.

[1]) Vgl. Heinen, Edmund und Dill, Peter: Unternehmenskultur. Überlegungen aus betriebswirtschaftlicher Sicht. In: Zeitschrift für Betriebswirtschaft, 56. Jg., 1986, Heft 3, S. 204.

[2]) Zahlreiche Beispiele aus unterschiedlichen Unternehmen enthält das Buch von Zürn, Peter: Vom Geist und Stil des Hauses. Unternehmenskultur in Deutschland. 2. Aufl., Landsberg 1986. Vgl. hierzu auch Kieser, A.: Unternehmenskultur und Innovation. In: Blick durch die Wirtschaft, 30. 5. 1985, Nr. 102, S. 3.

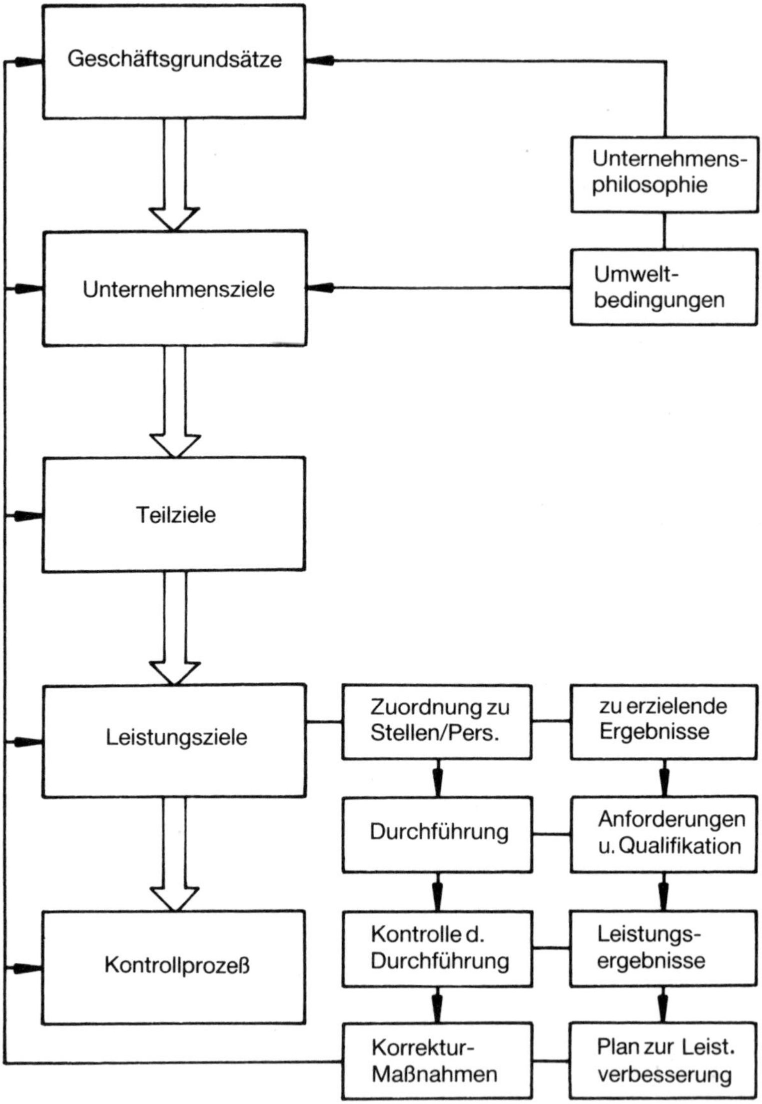

Abbildung 19: Zusammenhänge zwischen Geschäftsgrundsätzen, Unternehmenszielen und Leistungszielen.

- Praktische Beispiele für Geschäftsgrundsätze:
  - »Achtung vor den Rechten und der Würde jedes Mitarbeiters«.
  - »Mitarbeiter werden auch in schlechten Zeiten möglichst nicht entlassen«.
  - »Dienst am Kunden«.
  - »Für höhere Positionen werden vornehmlich Mitarbeiter aus der Unternehmung vorgesehen«.
  - »Hervorragende Qualität«.
  - »Manager verbürgen den Erfolg«.
  - »Verpflichtung gegenüber den Aktionären«.
  - »Faire geschäftliche Beziehungen zu unseren Lieferanten«.
  - »Die Verantwortung des Unternehmens gegenüber der Öffentlichkeit«.

4.2 Thesen und Aussagen zu Ziel- und Kontrollsystemen

Thesen und Aussagen zu Zielsystemen

- Zahlreiche Untersuchungen haben in den beiden letzten Dekaden zum Ausdruck gebracht, daß Ziel-, Planungs- und Kontrollsysteme für Unternehmen sich auszahlen. Es ist Kirsch und Höfner zuzustimmen, wenn sie erklären, daß »im Durchschnitt Strategen weit besser abschneiden als Nichtstrategen und daß man in einer Zeit, die durch ein rasantes Tempo der Veränderung in allen Lebensbereichen gekennzeichnet ist, mit strategischer Planung und strategischer Unternehmensführung den Schlüssel zum Unternehmenserfolg leichter findet«[1]).
- Das Management hat dafür zu sorgen, daß ein geschlossenes Zielsystem auf allen Ebenen vorhanden ist.
  - Jedes Unternehmen braucht klare Zielsetzungen. Nur dann wird der Erfolg objektiv meßbar und Fortschritt sichtbar.
  - Ziele schaffen automatisch Ordnungsprinzipien und Prioritäten für alle Mitarbeiter.

[1]) Kirsch, Werner und Höfner, Klaus: Zahlt sich strategische Planung aus? In: Blick durch die Wirtschaft, 9. 12. 1983, S. 3.

  - Zielsysteme sorgen bei den Mitarbeitern für eine Beschäftigung mit der Zukunft. Sie führen zum Agieren anstelle von nur Reagieren.
  - Es ist heute verstärkt notwendig, eine ständige Anpassung der Ziele und Strukturen der Organisation an die Marktgegebenheiten zu erreichen[1]).

- Die Ziele müssen so formuliert sein, daß sie sich in Planungsziele und Handlungsanweisungen auflösen lassen.
  - Dabei muß gewährleistet sein, daß bei jeder Formulierung von Teilzielen und Teilaktivitäten stets überprüft werden kann, ob sie zur Erfüllung des Gesamtzieles optimal beitragen.
  - Eine solche operationale Definition der Ziele hat schon an sich einen hohen Informationswert, denn sie vermittelt den Handelnden Sollgrößen, an denen sie den Erfolg ihres Handelns messen können. Dies bedeutet, daß die Abteilungs- und Mitarbeiterziele aus den Unternehmenszielen abgeleitet werden.

- Beispiele für Unternehmensziele (Ziele der IBM)

  1) Wachstum

  »Wir wollen mindestens in gleichem Maße - wenn möglich sogar schneller - wachsen wie unsere Branche.«

  2) Führend in Produkten

  »Wir wollen führend sein mit unseren Produkten und Dienstleistungen, d. h. mit deren Anwendungsnutzen, Technologie und Qualität.«

  3) Größte Effizienz

  »Wir wollen unsere Ergebnisse effizient, d. h. mit niedrigsten Kosten, erreichen.«

  4) Gewinnerzielung

  »Wir wollen den Gewinn als Basis unseres Wachstums mindestens in gleichem Maße wie den Umsatz steigern.«

- Bei der Fixierung von Einzelzielen (Leistungszielen) für die Mitarbeiter sollte u. a. beachtet werden:
  - Jeder Mitarbeiter sollte dieses Ziel aus der eigenen Zielvorgabe ableiten.

[1]) Vgl. Kirsch, Werner, Esser, Werner-Michael und Gabele, Eduard: Reorganisation. München 1978, S. 454 ff.

  - Die Ziele sind in einem gemeinsamen Gespräch mit den Mitarbeitern festzulegen.
  - Die Ziele sind in ihrer Bedeutung zu quantifizieren bzw. in einer Rangreihe zu bringen.
  - Die Ziele sind klar abzugrenzen.
  - Die Ziele müssen realistisch und erreichbar formuliert werden.

- Bei der operationalen Definition des Zieles und dessen Auflösung in immer detailliertere Teilziele, bis hin zu den Anweisungen für die Arbeitsdurchführung, muß aber berücksichtigt werden, daß
  - die Ziele in die Zukunft gerichtet sind und somit zwar wünschenswerte, aber keine sicheren Erwartungen darstellen;
  - somit auch die Teilziele zwar logisch vom Gesamtziel abgeleitet sind, aber zwangsläufig den Unsicherheitsgrad des Gesamtzieles in sich tragen;
  - die Definitionen der Aktivitäten zur Erfüllung der jeweiligen Teilaufgabe nach dem ökonomischen Prinzip zwar optimal sein sollen, aber nicht unbedingt sein müssen.

- Die Erarbeitung von Teilzielen muß unter folgenden Aspekten konzipiert werden:
  1) Zeitdimension
     Ohne Zeitbezug ist jede Zielsetzung sinnlos. Es muß festgelegt werden, bis zu welchem Zeitpunkt oder innerhalb welcher Zeitspanne ein bestimmtes Realisationsniveau erreicht werden soll.
  2) Präzise Formulierung
     Jeder Mitarbeiter sollte ein klar umrissenes Ziel von seiner Führungskraft erhalten, die dieses aus ihrer eigenen Zielvorgabe ableitet. Alle Ziele sind eindeutig abzugrenzen.
  3) Kompatibilität
     Die Ziele dürfen den Grundsätzen, Richtlinien und Programmen nicht widersprechen. Etwaige Zielantinomien müssen auf ein Minimum reduziert werden.
  4) Kooperation
     Die Ziele sind in gemeinsamen Gesprächen mit Führungskräften und Mitarbeitern festzulegen. Sie müssen realistisch und erreichbar formuliert werden.
  5) Quantifizierung
     Je näher man zur Basis der Zielharmonie kommt, desto exakter

müssen die Ziele wert- und/oder mengenmäßig fixiert werden (Absolute Zahlen, Verhältniszahlen, Minima-Maxima, Änderungsraten).

6) Prioritäten
Die Ziele müssen durch eine Gewichtung, d. h. einen Dringlichkeitserfüllungsmaßstab in eine Rangreihe gebracht werden.

- Zur Durchführung eines Zieles werden dem Mitarbeiter übertragen:
  1) Die zur Aufgabenerfüllung notwendigen sachlichen und personellen Mittel.
  2) Klar abgegrenzte Befugnisse, soweit diese nicht bereits in der Stellenbeschreibung festgelegt sind.
  3) Die mit der Zielerreichung verbundene Durchführungsverantwortung.
  - Innerhalb des so definierten Delegationsbereiches handelt der Mitarbeiter selbständig.
  - Der Vorgesetzte hat die Ergebnisverantwortung. Daraus resultiert seine Verpflichtung, die Zielerreichung zu kontrollieren.
  - Gerade bei der Zuordnung der Leistungsziele zu Stellen/Personen, bei der Durchführung und der Durchführungskontrolle zeigen sich die Verknüpfungen zwischen dem Management by Objectives und dem Management by Delegation (s. Kapitel 7).

- Es ist vom Management Wert darauf zu legen, daß eine systematische Ordnung der Ziele erreicht wird und die Zielbeziehungen klar fixiert sind.
  - Die Grundrichtung über das »Was« bestimmt in einer Unternehmung die Zielfunktion. Als Existenzbedingung ist dabei eine angemessene Rentabilität auf lange Sicht erforderlich.
  - Daneben können aber weitere, sich ergänzende oder miteinander konkurrierende Teilziele, gegebenenfalls auch nichtwirtschaftlicher Art, verfolgt werden. Diese dürfen nur nicht die Rentabilität der Unternehmung in der langen Sicht in Frage stellen.
  - Die Erarbeitung derivativer Unterziele muß unter Berücksichtigung der Zielbeziehungen konzipiert werden. Die Zielbeziehungen können sein:

komplementär: die Realisierung eines Zieles wirkt sich positiv auf die Realisierung eines anderen Zieles aus,

konkurrierend:	die Realisierung eines Zieles schließt die Realisierung eines anderen Zieles ganz aus oder beeinflußt den Grad der Zielerreichung sogar negativ,
indifferent: (neutral)	die Realisierung eines Zieles hat keinen Einfluß auf die Realisierung eines anderen Zieles.

- Im Rahmen der Zielsetzung sind auch die unterschiedlichen Ziele der Beteiligten zu berücksichtigen:

  Beispiele:

Beteiligte	*Zielsetzung*
a) Kapitalgeber	- Optimale Verzinsung und adäquate Sicherung des eingesetzten Kapitals
b) Mitarbeiter	- Optimale Quantität und Qualität an materiellen und immateriellen Leistungen
c) Lieferanten/Kunden	- Optimale Lösung der Absatz-/Beschaffungsprobleme in technischer und finanzieller Hinsicht
d) Gesellschaft	- Koordination der indivuellen Leistungen und Bedürfnisse/Verwertung und Erhaltung des gesellschaftlichen Vermögens

  Innerhalb dieser schematisch vereinfacht dargestellten Gruppen herrscht keine Zielsetzungskonformität! Zielkonflikte treten auch verschärft zwischen den einzelnen Bereichen und Abteilungen einer Organisation auf. Dies soll nachstehend an einem Beispiel deutlicher herausgearbeitet werden.

- Die folgenden Ausführungen geben einen Einblick in mögliche Zielkonflikte, die sich ergeben aus den Zielvorstellungen der Geschäftsleitung, der Fachabteilung und der DV-Abteilung. Daß diese generellen Zielvorstellungen recht unterschiedlich sein können, ist ohne Frage. So können z. B. die Ziele der DV-Abteilung und Fachabteilung u. a. sein:

Ziele der DV-Abteilung

- Dienstleistungsabteilung für die ganze Unternehmung bzw. Verwaltungseinheit
- Hohe Auslastung des DV-Systems
- Verbesserung der Betriebsablaufsteuerung
- Reduzierung des Wartungsaufwandes
- Sicherheit
- Termingerechte Auslieferung qualitativ einwandfreier Listen
- Verfügbarkeit des Systems
- Günstige Antwortzeiten

Ziele der Fachabteilung

- Lösung der jeweiligen Fachabteilungsprobleme
- Beschleunigung des Informationsflusses
- Erstellen von Signal- und Steuerungsinformationen
- Abbau erhöhter Kosten
- Bewältigung der Aufgaben mit gleichem Personal

Wesentliche Folgen unterschiedlicher Zielsetzung

- Insellösungen
- Mehrfache Abwicklung gleicher Aufgaben bzw. Tätigkeiten
- Mehrfachspeicherung von Daten
- Lange Entwicklungszeiten
- Terminverzögerungen
- Benutzerwiderstände

- Faßt man die Ziele von Geschäftsleitung, Fachabteilung und DV-Abteilung zusammen, dann könnten die in Abb. 20 angegebenen Aussagen treffend sein. Aus dieser Abbildung geht hervor, daß ein mögliches Ziel der Geschäftsleitung sein kann, mit relativ niedrigen Kosten der Informationsverarbeitung auszukommen, die Fachabteilung wünscht einen hohen Servicegrad, der DV-Leiter einen geringen Aufwand an Programmänderungen. Üblicherweise wird ein höherer Servicegrad auch höhere Kosten verursachen (siehe Abb. 21). Entscheidenden Einfluß auf den Verlauf der Kostenkurve bezüglich des Servicegrades haben vor allem die Mitwirkung der Benutzer bei der Realisierung der Informationssysteme (is) und die Art der vorherrschenden Datenverarbeitungsverfahren.

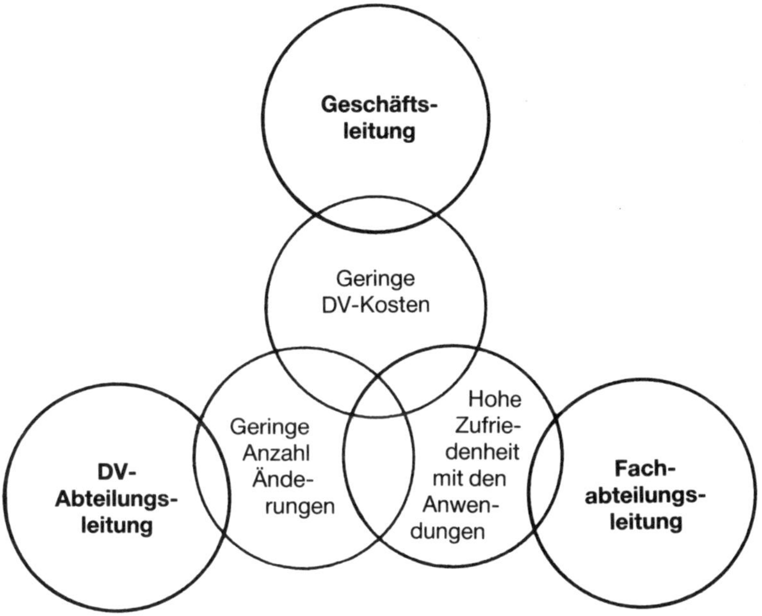

Abbildung 20: Zielkonflikte: Unterschiedliche Erwartungshaltung der Bereiche.

- Die Phasen 1 (»Start«) und 2 (»Ausweitung«) einer Datenverarbeitungsorganisation sind dadurch gekennzeichnet (siehe Abb. 33 und 34), daß im Vordergrund der durchzuführenden Arbeiten die Automation von Massenarbeiten steht. Die Fachabteilungen sehen im Computereinsatz vorwiegend seine enormen Fähigkeiten, bereits bekannte Funktionen, wie Rechnen, Schreiben und Sortieren, schneller, sicherer und wirtschaftlicher auszuführen. Die Realisierung der einzelnen Anwendungen wird vorwiegend von der DV-Abteilung wahrgenommen. Die Fachabteilungen haben
  - meist die Anforderungen nicht genügend spezifiziert und eindeutig formuliert und

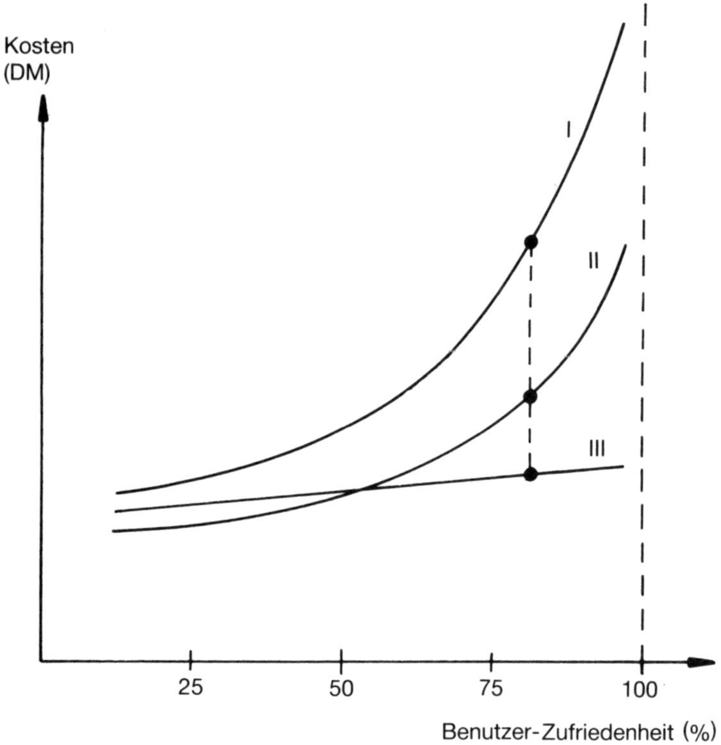

I = Kostenverlauf bei einer geringen Mitwirkung der Fachabteilungen
II = Kostenverlauf bei einer koordinierten Mitwirkung der Fachabteilungen
III = Kostenverlauf bei Anwendung der individuellen Datenverarbeitung

Abbildung 21: Benutzerzufriedenheit versus DV-Kosten.

- die Bedingungen, unter denen die Abnahme einer DV-Leistung (z. B. Ausgabelisten, neueste Programme) zu erfolgen hat, nicht klar festgelegt.

Neben Kommunikations-Problemen treten in diesen Phasen vor allem Zielsetzungs-Probleme deutlich zu Tage.

- Wirken die Fachabteilungen bei der Realisierung von Anwendungskonzepten nicht mit, dann dürfte im allgemeinen der Kostenverlauf bezüglich der Benutzerzufriedenheit der in Abb. 21 mit I fixierten Darstellung entsprechen.

- Man ist sich heute in Wirtschaft und Verwaltung darüber im klaren, daß Planung und Einführung einer Datenverarbeitungsanwendung nicht mehr ausschließlich eine Angelegenheit der Organisationsfachleute und der Datenverarbeitungsspezialisten ist, sondern daß der Erfolg der neuen Anwendung auch sehr stark von der Mitwirkung der Fachabteilung abhängt. Die Entwicklung integrierter DV-Anwendungen und deren Anpassung an die betrieblichen Erfordernisse machen es notwendig, die jeweils zuständigen Fachabteilungen frühzeitig einzuschalten, d. h. bereits in der ersten Planungsphase. Die Benutzer der Fachabteilungen sind auch diejenigen, die mit ihrem Erfahrungsschatz und ihrem Fachwissen die Brauchbarkeit verschiedener Alternativen von Organisationskonzepten fachlich beurteilen können. Besonders gut ist es, wenn die Anregungen zur Organisation bereits von der Fachabteilung ausgehen.

  Im einzelnen sollte die koordinierte Mitwirkung der Fachabteilung sich vor allem auf die nachstehend genannten Aktivitäten beziehen:
  - eindeutige Spezifizierung der Anforderungen,
  - Formalisierung von Verarbeitungsregeln,
  - Aufbau von Abstimm- und Kontrollsystemen,
  - Dokumentation der Fehlermeldungen und Verfahren zur Fehlerbeseitigung,
  - Genehmigung funktionsbezogener Programmänderungen,
  - Mitwirkung bei der Nutzenanalyse (Wirtschaftlichkeitsrechnung).

  In den Phasen »Ausweitung« und »Konsolidierung« wirken die Fachabteilungen insbesondere bei der Entwicklung von Programmen für wiederkehrende Benutzung mit. Die Aufgaben vollziehen sich meist nach bekannten Regeln, die Entscheidungsprozesse sind deterministisch.

  Die Abwicklung dieser Aufgaben erfolgt in zahlreichen Organisationen auf der Basis notwendiger Formalisierungen. Diese sind meist eine unabdingbare Voraussetzung zur Erhöhung des Organisationsgrades. Die Standardisierung und Formalisierung verlangt dabei insbesondere die Dokumentation der DV-Abläufe, Programme und Dateien. Eine systematische und umfassende Dokumentation des Organisationsablaufes ist die Grundlage für jedes wirtschaftliche Zusammenwirken von Fachabteilungen und der DV-Abteilung. Aber auch von externer Seite werden Wirtschaft und Verwaltung in

zunehmendem Maße mit Anforderungen an die Dokumentation und Formalisierung konfrontiert.
Der Kostenverlauf bezüglich der Benutzerzufriedenheit dürfte bei einer koordinierten Mitwirkung der Fachabteilung der mit II fixierten Darstellung in Abb. 21 entsprechen, d. h. es wird – verglichen mit I – ein bestimmter Zufriedenheitsgrad mit wesentlich niedrigeren Kosten erreicht.

- Versteht sich die Fachabteilung in der Rolle des Problemlösers und wendet sie verstärkt die Individuelle Datenverarbeitung an (siehe Abb. 36 und 37) – dies ist z.B. der Fall in den Phasen »Wachstum« und »Integration« –, dann tritt der Zielkonflikt Kosten versus Benutzerzufriedenheit längst nicht so deutlich wie bei den in Abb. 21 mit I und II fixierten Verläufen zu Tage. Es ist hier eine Harmonisierung der unterschiedlichen Ziele in hohem Umfang möglich (siehe Verlauf III).
  Die Individuelle Datenverarbeitung betrifft die Lösung von Aufgaben der Fachabteilung ohne Einschaltung von Programmentwicklungsfunktionen. Die Aufgaben des Benutzers in dieser Funktion können wie folgt charakterisiert werden:
  - Es handelt sich vorwiegend um einmalig auftretende, unstrukturierte Probleme.
  - Die Regeln zur Lösung dieser Probleme sind oft unbekannt.
  - Das Datenmaterial muß direkt abrufbar sein.
  - Die Zielsetzungen werden häufig während der Problemlösung neu fixiert.

  Die wichtigsten Einsatzgebiete der Individuellen Datenverarbeitung, die vorwiegend mit Hilfe des Personal-Computers realisiert werden, sind:
  - Planungsaufgaben (Planungsfunktion),
  - dispositive Aufgaben (Steuerungsfunktion),
  - Modellanalyse und -rechnung (Simulation),
  - kurzfristige Auswertungen (Auswertungsfunktion),
  - Verarbeitung vertraulicher Informationen (Datenschutz).

  Als wesentliche Vorteile der Individuellen Datenverarbeitung können genannt werden:
  - schnelle Reaktion auf kurzfristige Anfragen und veränderte Anforderungen,
  - geringer Entwicklungsaufwand neuer Anwendungen,

- effiziente Wahrnehmung der Planungsfunktion und der Steuerungsfunktion,
- optimale Realisierungsmöglichkeiten für Simulationen,
- wirtschaftliche Erstellung von spezifischen Kennzahlen und Berichten,
- adäquate Wahrnehmung der Kontrollfunktion,
- entscheidendes Hilfsmittel zur Zielrealisierung im Managementbereich, in der Fachabteilung und in der Datenverarbeitung,
- bedeutsame Aufwertung der Benutzertätigkeit,
- höhere Benutzerzufriedenheit bei niedrigeren Kosten.

- Die bezüglich des Zielkonfliktes Kosten versus Benutzerzufriedenheit gemachten Aussagen lassen sich auch übertragen auf das Problem Dauer der Brauchbarkeit einer Anwendung versus Benutzerzufriedenheit (siehe Abb. 22).

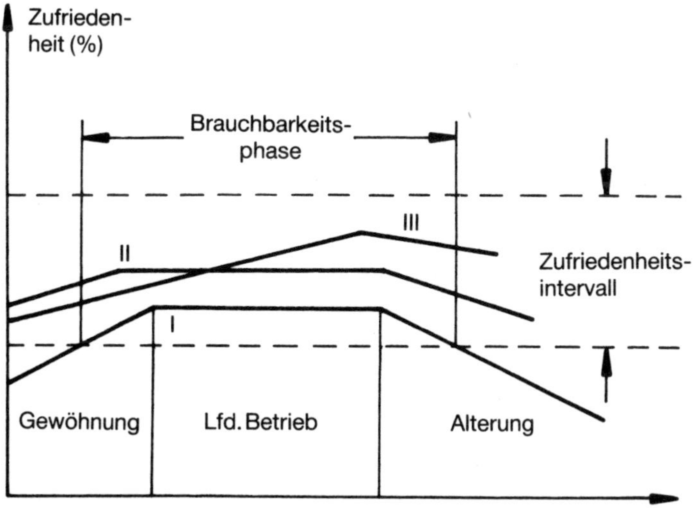

Dauer der Brauchbarkeit einer Anwendung versus Benutzerzufriedenheit bei
I = geringer Mitwirkung der Fachabteilungen
II = koordinierter Mitwirkung der Fachabteilungen
III = individueller Datenverarbeitung

Abbildung 22: Brauchbarkeitsphase versus Zufriedenheit.

- Faßt man die jetzt in diesem Kapitel gemachten Aussagen bezüglich einer praktischen Vorgehensweise zusammen, dann können die folgenden Schritte empfohlen werden:

  1) Erarbeiten der Geschäftsgrundsätze
  2) Fixieren der Unternehmensziele
  3) Strukturieren eines spezifischen Zielsystems
  4) Quantifizieren der Ziele hinsichtlich
     - Zielinhalt (was ?)
     - Zielausprägung (wieviel ?)
     - Zielzeit (wann ?)
     - Zielperson (wer ?)
  5) Analyse der Zielbeziehungen
  6) Bereinigung der Zielkonflikte
  7) Zielentscheidung (Bereichs-/Abteilungsebene)
  8) Zielauflösung (Leistungsziele)
  9) Fixieren eines Kontrollsystems

  Auf den Punkt Kontrollsysteme wird in den folgenden Ausführungen näher eingegangen.

Thesen und Aussagen zu Kontrollsystemen

- Effiziente Zielsysteme bedingen Kontrollsysteme. Die Kontrolle soll sicherstellen, daß das Systemziel mit möglichst geringen Störungen und zeitgerecht möglichst optimal erreicht werden kann.
  Im Rahmen des Kontrollprozesses ist es notwendig,
  - in der Phase der Zielverfolgung den Erfolg der Aktivitäten zu registrieren, zu messen und mit der bei der Zielauflösung (Planung) gesetzten Sollgröße zu vergleichen;
  - die Differenz zwischen Soll und Ist zu analysieren, daraus Anpassungsmaßnahmen abzuleiten, die dann wieder in Anweisungen für neue Aktivitäten formuliert werden;
  - daß die gesamte Feststellung, Analyse und Umformung der Differenzen in neue Maßnahmen in einer so großen zeitlichen Übereinstimmung und sachlichen Dichte erfolgt, daß eine nur geringe Abweichung vom gesamten Zielaspekt garantiert ist.

- Die Kontrolle muß systemimmanent sein, also ein Internum des Systems, das laufend in der Organisation wirkt.

- Kontrollen sind soweit wie möglich zu automatisieren, da
  - ein auf menschlicher Arbeitsleistung beruhendes Kontrollgefüge nur einen relativ geringen Sicherheitsgrad hat, wird es durch menschliche Fehlleistungen (logisch falsches Arbeiten, Unlust, Müdigkeit, Interessenlosigkeit usw.) stark beeinflußt;
  - ein automatisiertes Kontrollgefüge einen wesentlich höheren Wirkungsgrad hat, somit logisch falsches Arbeiten verhindert werden kann (durch Kontrollen), und die typisch menschlichen Eigenschaften nicht vorhanden sind.
  - bei automatisierter Datenverarbeitung auch die Kontrolldichte in sachlicher und zeitlicher Hinsicht erheblich gesteigert werden kann;
  - sachlich gesehen viel mehr Sollgrößen gesetzt und entsprechend mehr Istgrößen erfaßt und verglichen werden können;
  - in zeitlicher Hinsicht es sehr wichtig ist, daß der Zeitpunkt der Feststellung einer Fehlleistung viel näher an den Zeitpunkt der tatsächlichen Fehlleistung herangeführt werden kann. Damit ist eine wirksame Systembeeinflussung viel eher möglich.

- Vorgehensweise beim Aufbau eines Kontrollsystems

  1) Festlegen der Kontrollpunkte
     a) sachlich — z. B. Aktionen, Personen, Hilfsmittel
     b) örtlich — z. B. Stelle, Abteilung, Bereich
     c) zeitlich — z. B. Zeitpunkt, Zeitraum, Zeitabstände
  2) Vergleichen der Soll-Werte mit den Ist-Werten
  3) Fixieren der Abweichungen
     a) wann
     b) wie lange
     c) positiv/negativ
  4) Formulieren der möglichen Ursachen
  5) Nachweisen der Ursache(n)
  6) Entscheiden und Einleiten korrigierender Maßnahmen

- Abweichungsanalysen
  Beim Aufbau wirkungsvoller Kontrollsysteme wird verstärkt Wert darauf gelegt, daß die Systeme unaufgefordert über Ausnahmesituationen informieren bzw. innerhalb eines vorgegebenen Rahmens nach ebenfalls vorgegebenen Verfahren Planabweichungen bewerten und Korrekturmaßnahmen initialisieren. Dies setzt voraus, daß Melde-/Entscheidungssysteme aufgebaut werden und die Kontrollpunkte klar definiert sind. Nachstehend wird kurz auf diese Voraussetzungen effizienter Kontrollsysteme eingegangen.

1. Das Meldesystem

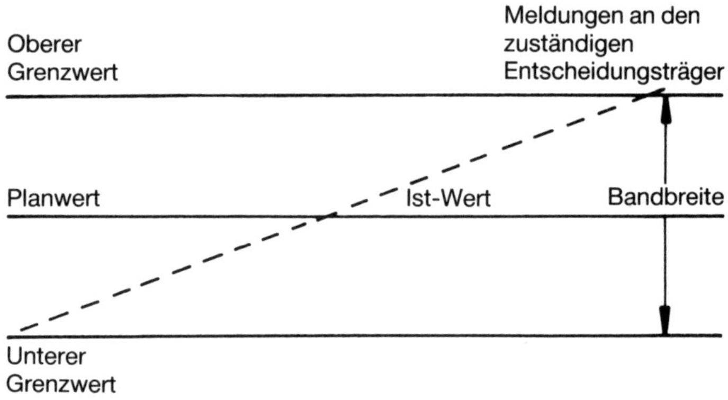

Abbildung 23: Struktur eines Meldesystems.

Die wesentlichen Anforderungen an Meldesysteme sind:
1) Es dürfen nur solche Abweichungen übermittelt werden, deren Analyse wirtschaftlich sinnvoll ist.
2) Die Reaktionseit, d. h. die Zeitspanne zwischen Feststellung der Abweichung der Reaktion des Entscheidungsträgers, muß so kurz sein, daß eine sinnvolle Einwirkung möglich ist.
3) Die Signale sollten Hinweise auf die Ursachen der Abweichungen enthalten.

4) Die Signale müssen auf die unterschiedlichen Bedürfnisse der Entscheidungsträger zugeschnitten sein.
5) Der Entscheidungsträger sollte nur die Signale erhalten, die für die Erfüllung seiner Aufgabe nötig sind.

Aus diesen Anforderungen leiten sich die wentlichen Aufgaben beim Aufbau eines Meldesystems ab:

- Klassifizierung der Abweichungen
- Gestaltung der Signale
- Übermittlung der Signale

2. Das Entscheidungssystem

Im Gegensatz zum Meldesystem werden beim Entscheidungssystem die Abweichungen vom Plan nicht nur gemeldet, sondern es werden - wie aus der folgenden Abbildung hervorgeht - die Planabweichungen bewertet und programmierte Korrekturmaßnahmen eingeleitet.

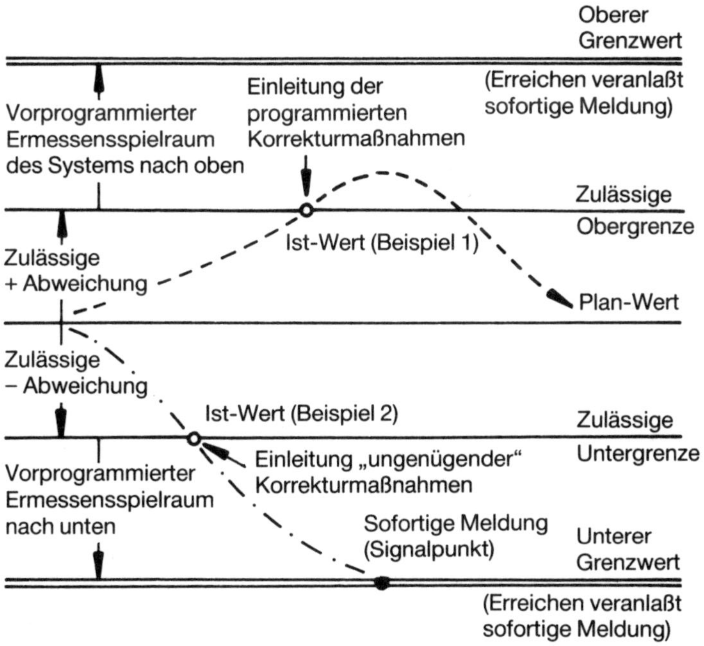

Abbildung 24: Struktur eines Entscheidungssystems.

3. Kontrollpunkte (ausgewählte Beispiele)

Kontroll-punkt	Dimen-sion	Kontroll-zeitraum	Zulässige Toleranz in %	Durchführung der Analyse
- Auftrags-eingang	DM	wöchent-lich	5	Vertriebs-leitung
- Markt-anteile	%	monat-lich	2	Vertriebs-leitung
- Vertriebs-kosten	DM	monat-lich	2	Revision
- Beschäfti-gung	Lohn-stunden	monat-lich	1	Controller

4.3 Standortbestimmung und Weiterentwicklung

Geschäftsgrundsätze

I	II	III	IV	V
–	– Einzelne Grundsätze, nicht genau fixiert	– Erste schriftliche Fixierung einzelner Grundsätze	– Schriftliche Fixierung der Grundsätze	– Verstärkte Publizierung der Grundsätze
		– Den Mitarbeitern weitgehend unbekannt	– Laufendes Bemühen, den Mitarbeitern die Grundsätze bekannt zu machen	– Die meisten Mitarbeiter kennen die Grundsätze
			– Nur bedingte Identifikation bei den Mitarbeitern	– Streben nach hoher Identifikation der Mitarbeiter mit den Grundsätzen

Tabelle 4: Standortbestimmung: *Geschäftsgrundsätze*

I	II	III	IV	V
STRATEGIE				
–	– Vorwiegend kurzfristige Ausrichtung	– Finanzielle Strategien	– Funktionale Strategien	– Integriertes Strategie-System
	– Fallweise strategische Ansätze	– Technische Strategien		
ZIELVORGABE				
– Ereignis-getrieben	– Meist unter 1 Jahr	– 1 Jahr	– Bis 2 Jahre	– Über 2 Jahre
ZIELKONFLIKTE				
– Werden nicht gesehen oder „unter den Teppich gekehrt"	– Lösung: „Wer am lautesten schreit..."	– Vorwiegend Ausrichtung an den Kosten	– Versuch, Zielkonflikte innerhalb von Bereichen optimal zu lösen	– Versuch, Zielkonflikte bereichsübergreifend zu optimieren
PLANUNGSEBENEN				
– Nur wenige generelle Maßgrößen	– Pauschale Budgetierung	– Planung und Controlling auf operationaler Ebene	– Planung und Controlling auf taktischer Ebene	– Planung und Controlling auf strategischer Ebene

Tabelle 5: Standortbestimmung: *Ziel-/Kontrollsysteme*

Genereller Erfolgs-Faktor (1)	Wesentliche Branchen-Faktoren (2)	Spezifische Unternehmens-Faktoren (3)	Welche Faktoren sind von besonderer Bedeutung? (4)	Erforderliche Voraussetzungen (5)	Was sollte bei uns getan werden? (6)	Frist (7)
Geschäftsgrundsätze						
Ziel-/Kontrollsysteme						

Tabelle 6: Ableitung der Erfolgsfaktoren und Aktivitäten zu Geschäftsgrundsätzen und Ziel-/Kontrollsystemen

5. Erfolgsfaktor 2: Strategie-orientierte Organisationsgestaltung

5.1 Thesen und Aussagen zur Organisationsgestaltung

- Die Organisationsaufgaben bestehen darin,
  - ein System zu bauen, das gegebene Zielsetzungen möglichst optimal erreichen kann, und
  - dafür zu sorgen, daß dieses System stets
    - Änderungen des Zielkonzeptes
    - technischen Neuerungen
    - Umweltänderungen und
    - wissenschaftlichen Erkenntnissen

  angepaßt wird.
- Grundsätzlich sind jeweils zwei Systeme zu entwickeln und zu pflegen:
  - das Wirksystem und
  - das Informations- und Steuerungssystem.

  Die Notwendigkeit, beide Systeme getrennt zu sehen, ergibt sich aus der Komplexität der heute notwendigen wirtschaftlichen und gesellschaftlichen Wirksysteme.
- Systeme solchen Komplexitätsgrades können nicht mehr direkt durch Einsichtnahme und spontane Einwirkung, also improvisiert gesteuert werden. Nur noch die Informationen über die Systeme und ihre relevante Umwelt machen sie anschaulich. An die Systeme sind verschiedene Anforderungen zu stellen. Es gehört zur Organisationsaufgabe, ihnen gerecht zu werden.

Wirksystem	Informations- und Steuerungssystem
Wesen: - Jedes Wirksystem kann als Transformator begriffen werden. - Es entnimmt Leistungen aus der Umwelt, wandelt diese entsprechend den organisierten Systemfähigkeiten in Leistungen anderer Art um und gibt diese Leistungen wieder an die Umwelt ab.	Wesen: - Ein Informations- und Steuerungssystem kann nur als Modell eines Wirksystems begriffen werden. - Es bildet das Wirksystem einschließlich der systemrelevanten Umwelt ab, macht als symbolisches Modell alle Systemhandlungen mit, kontrolliert diese aufgrund des ihm bekannten System-Solls und gibt Steuerungsanweisungen an das Wirksystem zur Realisierung der Systemaufgabe und zur Abwehr von Störungen.
Wesentliche Anforderungen: - Funktionstüchtigkeit - Flexibilität - Sicherheit - Wirtschaftlichkeit und - Prüfbarkeit	Wesentliche Anforderungen: - Vollständigkeit - Richtigkeit - Zeitgerechtigkeit - Flexibilität - Zuordnungsklarheit - Sicherheit - Wirtschaftlichkeit und - Prüfbarkeit

Wie sich aus der Gegenüberstellung erkennen läßt, sind wesentliche Anforderungen an ein Wirksystem und an das Informations- und Steuerungssystem identisch.

- Die Organisation hat hauptsächlich der Strategie zu folgen. Sie sollte im Grundsatz ein Spiegelbild der Strategie sein. Als ein typisches Beispiel hierfür kann die von der Unternehmung Endress + Hauser GmbH + Co. in den Vordergrund gestellte Strategie der Kundennähe und deren Niederschlag im Organigramm (siehe Abb. 39) gesehen werden.

- Beispiele für Strategien, die sich in der Organisation widerspiegeln, können z. B. sein:
  - Weltweit verwendbare Produkte zu entwickeln
  - Maximale Kundennähe durch stärkste Dezentralisierung der Produktion
  - Zentralisierung der Produktion
  - Die Realisierung von Profitcenters, wo immer sich dies anbietet
  - Delegation von Verantwortung, soweit wie möglich.

- Die Organisationsstruktur muß innovationsfördernden Charakter haben.
  Dies kann u. a. bewirkt werden durch:
  - Möglichst wenige Hierarchie-Stufen
  - Ein adäquates Verhältnis von standardisierter und individualisierter Organisation
  - Enges Zusammenwirken von Forschung/Entwicklung und Marketing
  - Starke Kundenorientierung
  - Marktorientierung.

- T. Peters[1]), Mitautor des Buches auf der Suche nach Spitzenleistungen, hat zusammen mit Nancy Austin 23 Merkmale von Innovation erarbeitet. Einige dieser Merkmale liegen in der Organisation begründet, auf welche in diesem Zusammenhang kurz eingegangen wird:
  - Informelle Kommunikation ist eine wichtige Basis für Innovation.
  - Auch die Raumgestaltung sollte zu informeller Kommunikation und zufälligem Gedankenaustausch ermutigen.
  - Das obere Management kann offen Unzufriedenheit über die Organisationsstruktur und das Richtlinien-System zeigen und Mitarbeiter dadurch ermutigen, neue Wege zu gehen und Regeln zu durchbrechen.
  - Praxisbezogenes Teamwork, zum Teil mit Mitarbeitern aus unterschiedlichen Bereichen und mit Kunden, wird hoch geschätzt. Es empfiehlt sich, den Teams eine generelle Zielsetzung zu geben, sie mit begrenzten Ressourcen auszustatten und sie unter Zeitdruck zu setzen.

[1]) Vgl. Peters, Thomas J., Austin, Nancy: A Passion for Excellence. The Leadership Difference. London 1985, P. 193 ff.

- Günter Kraut[1]) hat auf dem zweiten Fertigungswirtschaftlichem Kolloquium an der Universität Passau im Rahmen seiner Erfahrungen die Aussage getroffen, daß gerade im technischen Bereich Teamarbeit und Teamgeist verstärkt gefördert werden sollten. Technische Mitarbeiter haben einen Hang zum Einzeltüftler, sie sind - im Gegensatz zu Mitarbeitern im Außendienst - vorwiegend introvertiert. Die Förderung von Teamarbeit und Teamgeist kann in diesem Bereich u. a. erreicht werden durch komplexe Aufgabenstellungen in Gruppenarbeit mit vorher definierten Zielen und Zielschritten sowie begleitenden Präsentationen - aber auch mit den notwendigen Freiräumen, Verantwortung und Anerkennung.

- Einfache Grundstrukturen prägen die Aufbauorganisation
  - Große Organisationen sind vorwiegend divisional organisiert
  - Kleine und mittlere Unternehmen sind meist funktional organisiert
  - Zu große Sparten werden häufig in kleinere, unabhängige Sparten aufgeteilt, wobei jede über sämtliche Hauptfunktionen verfügt [2])
  - Über den persönlichen Berichtsweg sollte im Normalfall die fachliche Anweisung laufen
  - Stabsaufgaben sind soweit wie möglich der Linie zuzuordnen
  - Organigramme sollten so einfach wie möglich sein.

- Die einzelnen Funktionsbereiche verlangen eine unterschiedliche organisatorische Strukturierung
  - Die Forderung nach organischen Organisationen kann nicht grundsätzlich für alle Funktionsbereiche generell gestellt werden.
  - In den deterministischen Funktionsbereichen (z. B. Produktion) ist eine höhere Standardisierung möglich. Hier wird der Anteil von Vorgaben, Regelungen, Richtlinien usw. im allgemeinen höher sein als in probabilistischen Bereichen.
  - Im Absatzbereich, der kybernetisch gesprochen mit einer besonderen Unsicherheit behaftet ist, muß vor allem eine hohe Innovationsbereitschaft gegeben sein.

[1]) Vgl. Kraut, Günter: Personal- und Organisationsentwicklung bei der Einführung neuer Technologien. Vortragsmanuskript. Passau, 5. bis 7. 3. 1986.

[2]) Vgl. hierzu Peters, Thomas J., Waterman, Robert H.: a.a.O., P. 351 ff.

- In der Ablauforganisation ist ein ausgewogenes Verhältnis von standardisierter und individueller Organisation erforderlich.
  - Der Organisationsgrad[1]) ist um so höher, je mehr Handlungen mit festen Regeln versehen sind und somit aus dem Bereich der Improvisation herausgenommen werden.
  - Der Organisationsgrad muß aber auch qualitativ gesehen werden, denn nur solche organisatorischen Regelungen, die die Zielerreichung verbessern, erhöhen den Organisationsgrad (siehe Abb. 25). Daher ist es wichtig, alle Regelungen auf die Unternehmensstrategien abzustellen. In amerikanischen Organisationen findet sich hier das Stufenkonzept der 4 P's:
    - Philosophy, Policy, Procedures, Practice.
  - Durch Standards werden generelle Verhaltensweisen und Verfahren eingeübt, die Improvisation und Disposition ablösen.
  - Während bei der Disposition die Regelung des Einzelfalles im Vordergrund steht, die nach Erfüllung der Einzelaufgabe ihre Gültigkeit verliert, stellt die Improvisation eine fallweise strukturierende Maßnahme dar, die nicht den Charakter längerfristiger und wiederholt anwendbarer Formalismen besitzt. Beiden gemeinsam ist, daß sie nicht nach generellen Regeln verfahren und auch stark von den Personen abhängen, die in dieser Art ihre Tätigkeit ausüben.
  - Regeln, die personenunabhängig und generell sind, lassen verstärkt die Austauschbarkeit von Personen zu.
  - Ein hoher Organisationsgrad ist Voraussetzung für einen guten Automatisierungsgrad[2]). Erst wenn die Aufgaben und Ziele einer Unternehmung formal beschrieben und geregelt sind, ist ein großer Teil davon programmierbar und automatisierbar.
- Für die Ablauforganisation gilt, daß je umfassender organisatorische Änderungen sind, desto notwendiger wird es, klare Verfahren zur Projektsteuerung[3]) zu verwenden. Hierzu zählen u. a.:
  - die Anwendung eines Phasenkonzeptes, d. h. die Unterteilung eines Projektes in bestimmte, logisch abgrenzbare Teilaufgaben

[1]) Anteil an gesetzter Ordnung in einer Organisation (Organisation + Improvisation = 100)

[2]) Maß der Übertragung von ausführenden Tätigkeiten, Steuerungshandlungen, Entscheidungen und Kontrollen auf Automaten.

[3]) Vgl. Nagel, Kurt, Kraus, Wolfgang: Die EDV-Checklistensammlung. Stuttgart 1977, S. 35 ff.

- Verfahren zur Wirtschaftlichkeitsanalyse (z. B. Nutzwertanalyse, Nutzenanalyse)
- Dokumentationstechniken
- Techniken der Schwachstellenanalyse (z. B. Matrixanalyse, Grundlagenanalyse, Kommunikationsanalyse)
- Freigabeverfahren (z. B. Finanzielle Freigabe, Benutzer-Freigabe)
- Verfahren zur Ermittlung der Ist-Tatbestände
- Verfahren zur Erhebung des Informationsbedarfs

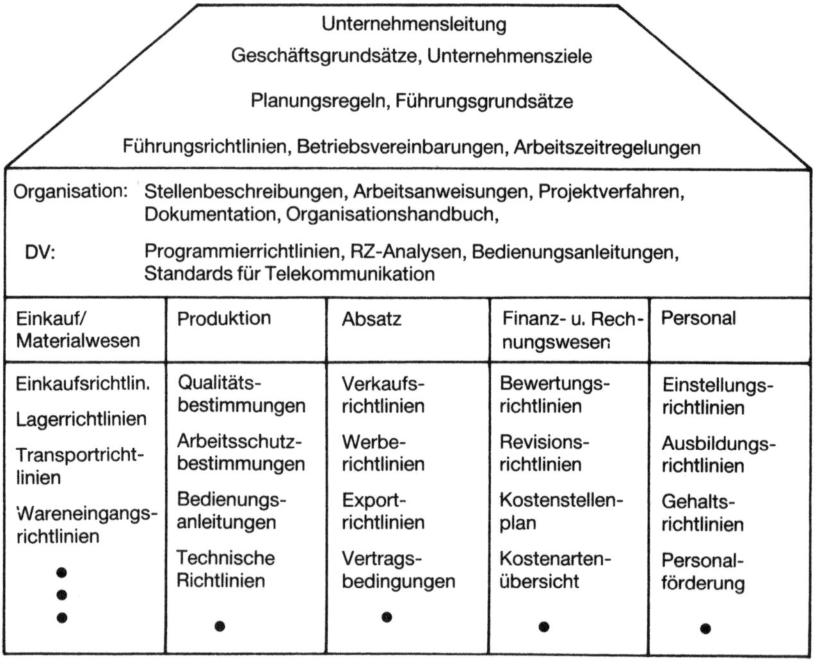

Abbildung 25: Zur Einordnung von Standards.

- Verstärkt sind in der Ablauforganisation die Chancen einer beleglosen Verarbeitung mit Hilfe von Computern wahrzunehmen.
  In den meisten Ländern wurden die Rechnungslegungsvorschriften den Auswirkungen des Computereinsatzes angepaßt. Die Gesetzesänderungen sehen in hohem Umfang davon ab, notwendige Methoden und Maßnahmen im einzelnen vorzuschreiben. Die wichtigsten Grundsätze für die Organisationspraxis sind:
  - Buchungen müssen auch bei der Speicherbuchführung durch Einzel-, Sammel- oder Dauerbelege nachgewiesen werden, sie müssen jedoch nicht durch »beweiskräftiges Papier« belegt sein.
  - Belege können auch innerhalb eines DV-Systems direkt auf Datenträgern hergestellt werden. Das Verfahren des Zustandekommens solcher Belege ist zu dokumentieren.
  - Wird ein Beleg auf einem Datenträger hergestellt oder empfangen, können die Daten des Belegs statt auf diesem Datenträger auf einem Bildträger (z. B. Mikrofilm) oder einem anderen Datenträger (z. B. Magnetplatte) oder ausgedruckt aufbewahrt werden.
  - Es müssen nicht mehr die Grundbücher im eigentlichen Sinne geschrieben werden, sondern es genügt, wenn ihre Funktion erfüllt wird. Die Grundbuchfunktion kann bei DV auch durch eine hinreichend gesicherte Speicherung und Ausdruckbereitschaft erfüllt werden.
  - Bezüglich der Revisionsfähigkeit muß der Nachweis nach folgenden Kriterien geführt werden können:
    vollständig,
    schlüssig,
    in angemessener Zeit und
    in einer Weise, daß ein Sachverständiger folgen kann[1])
- Exzellente Unternehmen arbeiten häufig mit kleinen Arbeitsgruppen
  - Solche Arbeitsgruppen haben die Organisationsform von
    - task forces
    - Lernstatt
    - teams
    - Werkstattgespräch

1) Vgl. Nagel, Kurt: Ordnungsmäßigkeit der Speicherbuchführung. Herne und Berlin 1977.

   - Projektzeiten
   - Nullfehlerteam
   - Qualitätszirkeln
   - »Champions« (einzelne Mitarbeiter).
  - Die Mitarbeiter kommen meist aus verschiedenen Unternehmensbereichen
  - Kleingruppen finden sich in der Regel nicht im Organigramm
  - Will man mit dem Konzept der Arbeitsgruppen erfolgreich sein, dann muß die Gruppenbildung als ein Prozeß der Organisationsentwicklung verstanden werden, dies bedeutet, daß
    - der Prozeß nie abgeschlossen ist,
    - auch Lösungen zu akzeptieren sind, die beim Management nicht unbedingt auf Wohlwollen stoßen, weil evtl. Macht und Status berührt werden.[1])
- Um diesen Erfolgsfaktor voll zur Entfaltung zu bringen, genügt es nicht, nur die Aufbau- und Ablauforganisation strategieorientiert und effizient zu gestalten, sondern es muß auch verstärkt bedacht werden, daß Führungskräfte und Mitarbeiter im Rahmen ihrer Selbstorganisation versuchen, rationell zu arbeiten.
  Diesbezügliche Handlungsweisen könnten u. a. sein:
  - Beachten Sie bei Ihren Aktivitäten die 80-zu-20-Regel (Paretos Gesetz)
    In der Praxis werden meist 80% des zählenden Erfolgs aus nur 20% der Aktivitäten resultieren, während sich die restlichen 20% aus 80% der Aktivitäten ergeben.
    Wenn Sie auf einer Liste mit 10 Aufgaben die beiden entscheidenden Aktivitäten erfüllt haben, ist Ihr Gesamterfolg bereits zu 80% gesichert.
  - Unordnung ist der Konzentration abträglich
  - Nehmen Sie jedes Papier möglichst nur einmal in die Hand
  - Machen Sie vom Papierkorb eifrig Gebrauch
  - Schreiben Sie jeden Brief nur einmal
  - Arbeiten Sie bei der Lösung von größeren Problemen nach der Methode der Schweizer-Käse-Technik:
    »Bohren« Sie bei allen passenden Gelegenheiten Löcher in die zu lösende Aufgabe.

[1]) Vgl. hierzu Gottschall, D.: Betriebliches Innovationsmanagement. Lernen an der gemeinsamen Aufgabe. In: Management Wissen, 1984, Heft 9, S. 15 ff.

Mit der Schweizer-Käse-Technik ist es möglich, innerhalb von wenigen Minuten den Einstieg in einen größeren Aufgabenkomplex zu realisieren bzw. die Problemlösung voranzutreiben.

- Es ist besser, eine Idee zu verwirklichen, als 100 Ideen zu haben!
- Mach es sofort! (Do it now, wie die Amerikaner zu sagen pflegen)
- Gehen Sie direkt an das Unerfreuliche heran!
- Nicht die auf ein Vorhaben verwendete Gesamtzeit ist entscheidend; es kommt darauf an, wie systematisch Sie daran arbeiten
- Der Unfähigkeit, sich auf eine Arbeit zu konzentrieren und tatsächlich zu beginnen, begegnet man am besten, indem man zeitlich festgelegte Arbeitsphasen plant
- Versuchen Sie, Ihre wichtigen Konzentrationsphasen dann durchzuführen, wenn Sie die wenigsten Störungen erwarten dürfen
- Lernen Sie, Arbeit abzugeben!
- Setzen Sie vorhandene Organisationsmittel adäquat ein
- Qualitätsarbeit und Perfektion unterscheiden sich erheblich
- Versuchen Sie bei speziellen Problemen, sich nicht unbedingt zu perfektionisieren, sondern wenden Sie sich an Spezialisten.

5.2 Standortbestimmung und Weiterentwicklung

Strategie-orientierte Organisationsgestaltung

I	II	III	IV	V
- Hoher Improvisationsgrad	- Verstärktes Streben nach Standardisierung - Spezialisierung	- Relativ hoher Standardisierungsgrad in der Aufbau- und Ablauforganisation - Funktionalisierung	- Zunahme der individuell ausgerichteten Organisation - Bei standardisierten Abläufen hoher Organisationsgrad - Markt-orientierte Organisation	- Laufende Anpassung an Marktgegebenheiten - Innovative Organisation - Fähigkeit zu Markt- und Produktwechsel

Tabelle 7: Standortbestimmung: *Strategieorientierte Organisationsgestaltung*

Genereller Erfolgs-Faktor (1)	Wesentliche Branchen-Faktoren (2)	Spezifische Unternehmens-Faktoren (3)	Welche Faktoren sind von besonderer Bedeutung? (4)	Erforderliche Voraussetzungen (5)	Was sollte bei uns getan werden? (6)	Frist (7)
Strategieorientierte Organisationsgestaltung						

Tabelle 8: Ableitung der Erfolgsfaktoren und Aktivitäten zur strategieorientierten Organisationsgestaltung

6. Erfolgsfaktor 3: Verstärkte Nutzung des Mitarbeiter-Potentials

6.1 Thesen und Aussagen zur Nutzung des Mitarbeiter-Potentials

- Führungskräfte haben entscheidenden Einfluß bezüglich der Nutzung des Mitarbeiter-Potentials
  - Der Erfolg einer Unternehmung hängt im wesentlichen vom Wollen und Können der Führungskräfte und Mitarbeiter ab. Dies ist heute ein allgemein anerkannter Tatbestand. Genauso bekannt ist auch, daß zu den Fähigkeiten, die heute alle Führungskräfte haben müssen, in ganz besonderem Maße die Kunst der Menschenführung und Menschenbehandlung gehört. Je mehr Mitarbeiter einem Vorgesetzten unterstellt sind, um so höher werden die Anforderungen an seine Fähigkeit, sie richtig führen und behandeln zu können. Man vertritt heute die Ansicht, daß bei Führungskräften die Fähigkeit zur Menschenführung und Menschenbehandlung bereits über 50% ihrer notwendigen Eigenschaften ausmacht.
  - Mit zu den wesentlichsten Aufgaben von Führungskräften zählt heute, die ihnen unterstellten Mitarbeiter dahingehend zu beeinflussen, daß sie für gemeinsame Ziele streben und arbeiten und daß vor allem das vorhandene Mitarbeiter-Potential möglichst verstärkt genutzt wird. Die Integration des Menschen mit allen seinen Fähigkeiten in das soziale System der Organisation ist sicherlich eine ganz entscheidende Herausforderung der Gegenwart.
- Human-Ressourcen-Strategien, die das gesamte geistige und körperliche Potential der Führungskräfte und Mitarbeiter eines Unternehmens umfassen, sind aus den Unternehmensstrategien abzuleiten

- Die Realisierung von Unternehmensstrategien verlangt eine richtige, d. h. strategische Positionierung der Führungskräfte. Laukmann und Walsh[1]) betonen, daß im Prinzip jede Lebenszyklusphase einer Branche einen speziellen Typ von Manager verlangt, und jede auf der eigenen Wettbewerbsposition basierende Unternehmensstrategie einen besonderen Schwerpunkt im Profil des Managements, das ja für die Durchführung der Strategie verantwortlich ist, fordert. Stellt man die Schwerpunkte der Managementfähigkeiten in Abhängigkeit von der Lebenszyklusphase der Branche einerseits und der eigenen Wettbewerbsposition andererseits dar, dann ergibt sich das in Tabelle 9 fixierte grobe Schema.

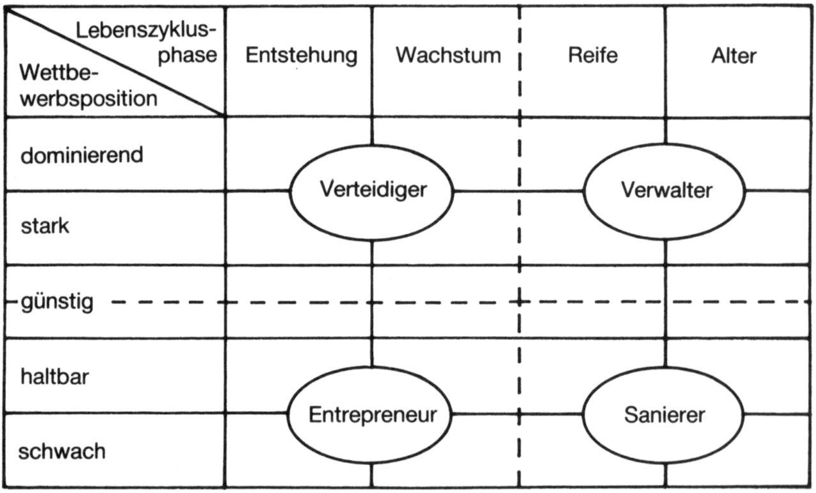

Tabelle 9: Strategische Positionierung wichtiger Typen von Managern nach Laukmann/Walsh.

[1]) Vgl. Laukmann, Thomas, Walsh, Ian: Strategisches Management von Human-Ressourcen. In: Management im Zeitalter der strategischen Führung, hrsg. von Arthur D. Little International. Wiesbaden 1985, S. 95 ff.

- Das Schema soll Hinweise darauf geben, daß durch einen gewissen Transfer von Führungskräften, insbesondere bei Großunternehmen, verstärkt die Möglichkeit genutzt wird, den richtigen Manager bzw. die richtig zusammengesetzte Führungsmannschaft für die zu realisierenden Strategien zu finden und einzusetzen. Es hat sich in zahlreichen Fällen als erfolgreich erwiesen, einen Entrepreneur, der das Geschäft aufgebaut hat, in einer erreichten Reifephase durch eine eher administrativ orientierte Führungskraft zu ersetzen. Dem eher aggressiven Managertyp ist dann erneut die Chance des Aufbaus eines anderen Geschäfts zu geben.
- Erfolgreiche Unternehmen setzen aktionsorientierte Arbeitsgruppen ein, um das Potential der Mitarbeiter systematisch zu nutzen[1]). Dies bewirkt,
  - eine sinnvolle Aufteilung komplexer Aufgaben in überschaubare Aufgaben
  - eine starke Mitarbeiterorientierung durch das Problemlösen vor Ort
  - die Nutzung der Fähigkeiten der jeweiligen Ausführenden.
- Die Nutzung des Mitarbeiter-Potentials bedingt eine verstärkte Delegation von Aufgaben, Befugnissen und Verantwortung. Dabei ist eine Deckungsgleichheit von
  - Aufgaben,
  - Kompetenz und
  - Verantwortung anzustreben (siehe Abbildung 26).

  Dieses bedeutet
  - Entscheidungsdelegation im Rahmen des Aufgabenfeldes
  - Klare Abgrenzung der Kompetenz
  - Alleinige Handlungsverantwortung.
- Bei Anwendung des Delegationsprinzips haben Vorgesetzte folgende wichtige Aufgaben:
  1) Abgrenzung des Aufgabenbereiches, der Kompetenzen und Verantwortungen. Dies geschieht meist im Rahmen einer Stellenbeschreibung oder einer ähnlichen Gesamtdarstellung.
  2) Auswahl der Mitarbeiter des ihm unterstellten Delegationsbereichs unter Beachtung von fachlichen und führungsmäßigen Anforderungen.

[1]) Vgl. Walke, H.: Gruppengespräche bringen bessere Unternehmensergebnisse. In: Management-Zeitschrift IO, 53. Jg., 1984, Nr. 3, S. 154.

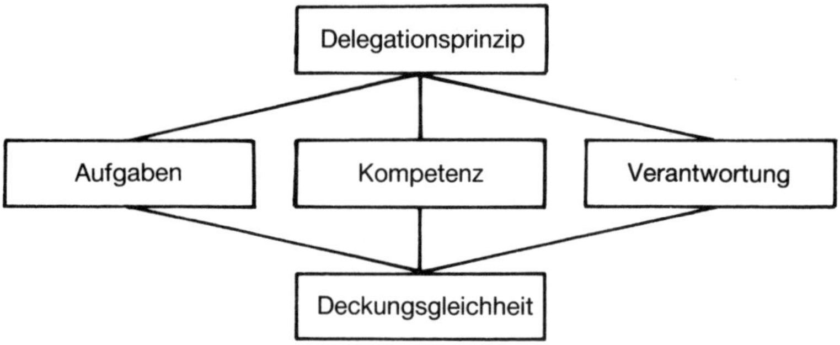

Abbildung 26: Das Delegationsprinzip.

3) Vorgabe von Teilzielen für den Delegationsbereich unter Beachtung der für das Unternehmen geltenden Gesamtzielsetzungen.
4) Erstellung von Leistungsanforderungen zur Meßbarkeit des Erfüllungsgrades der gesetzten Ziele.
5) Wahrung der Handlungs- und Entscheidungsfreiheit der Mitarbeiter in den ihnen unterstellten Delegationsbereichen.
6) Koordination aller Mitarbeiter seines Führungsbereiches.
7) Weitergabe von Informationen an die Mitarbeiter seines Führungsbereiches, die zur Erfüllung der ihnen obliegenden Aufgaben notwendig sind.
8) Permanente Abstimmung und Beratung mit den Mitarbeitern seines Führungsbereiches.
9) Durchführung von Kontrollmaßnahmen in den einzelnen Delegationsbereichen.
10) Korrektur von festgelegten Fehlhandlungen oder Fehlentscheidungen.
11) Förderung und Ausbildung der ihm unterstellten Mitarbeiter.
12) Anerkennung der Leistung der Mitarbeiter.

- Bei Anwendung des Delegationsprinzips haben Mitarbeiter folgende wichtige Aufgaben:
  1) Durchführung der im Rahmen des Delegationsbereiches übertragenen Aufgaben nach den vorgegebenen Teilzielen.

2) Verbot der Rückdelegation an den Vorgesetzten bzw. Verbot der Weiterdelegation an andere Mitarbeiter.
3) Regelmäßige Information des Vorgesetzten über Tatbestände und Entwicklungen aus dem Delegationsbereich, die für den Vorgesetzten von besonderer Bedeutung sind.
4) Kollegiale Zusammenarbeit mit anderen Fachbereichen, deren Tätigkeit den eigenen Delegationsbereich unmittelbar oder mittelbar berührt.
5) Übergabe von solchen Problemen an den Vorgesetzten, wo die eigenen Kompetenzen nicht ausreichen.
6) Ständige Fort- und Weiterbildung auf allen Gebieten, die unmittelbar oder mittelbar mit der Durchführung der gestellten Aufgaben des Delegationsbereiches zusammenhängen.

- Delegation verstärkt Motivation
  - Die richtige Delegation von Aufgaben, Kompetenzen und Verantwortung ist das beste Mittel, sich von Routine-Angelegenheiten zu entlasten und Zeit zu gewinnen für die wichtigen Fragen. Damit wird auch das Verantwortungsbewußtsein der Mitarbeiter erhöht und ein gutes Betriebsklima geschaffen.
  - Man sollte sich darüber im klaren sein, daß einer der wichtigsten Motivatoren ist, die Verantwortung mittragen zu können, und daß die Motivation entscheidenden Einfluß auf den Erfolg eines Unternehmens hat.
  - Es muß deutlich festgehalten werden, daß sich Motivation auszahlt. Eine vor kurzem durchgeführte Untersuchung macht klar, daß ein sehr positiver Zusammenhang zwischen
    - Mitarbeitermotivation
    - Beschäftigtenzahl
    - Umsatz und
    - Gewinn

besteht.

  - Es ist daher unerklärlich, warum so häufig Motivation und Kommunikation als »modischer Sozialklimbim« abgetan werden. Erfolgreiche Unternehmen wissen um die Bedeutung der Motivation. Sie setzen nach Heismann[1]) folgende Maßnahmen zur Mitarbeitermotivation ein:

[1]) Heismann, Günter: Eine Frage des Stils, a.a.O., S. 209.

1) Hohe Löhne und ein komplettes Anreizsystem
2) Der Vorrang von internen Beförderungen vor externen Stellenbesetzungen
3) Förderung eines gewissen Stolzes, zur Firma zu gehören
4) Kapital- und Gewinnbeteiligungsmodelle
5) Regelmäßige, ausführliche Besprechungen mit den Mitarbeitern, die vorwiegend auch der Information über die Unternehmenssituation dienen
6) Betriebsinterne Aus- und Fortbildung, die nicht nur der Steigerung der Arbeitsproduktivität dienen, sondern auch die Unternehmensziele verdeutlichen
7) Anerkennung der Arbeit, ständige Verbesserung der Arbeitsbedingungen
8) Gesellige Veranstaltungen nach Feierabend
9) Die Achtung vor dem Einzelnen

- Mit der Delegation von Aufgabe, Befugnis und Verantwortung hängt verstärkt auch der bewußte Einsatz von Teamarbeit zusammen. Es gibt Untersuchungen, die auch in diesem Zusammenhang recht interessant sein dürften. Ein deutscher Automobilhersteller hat 360 Kraftfahrzeugbetriebe analysieren lassen. Die eine Hälfte dieser Betriebe war konventionell, die andere nach dem Teamkonzept organisiert. Das Ergebnis der Studie: Die mit Kleingruppen organisierten Werkstätten hatten zufriedenere Kunden, zufriedenere Mitarbeiter und mehr Erfolg.
- Es ist Grochla zuzustimmen, wenn er ausführt, daß mit fehlender oder geringer Delegation von Entscheidungskompetenzen sich bei den Mitarbeitern kaum jene Motivation, Kreativität und Initiative entwickeln lassen, die die Basis einer effizienten Aufgabenerfüllung sind[1]). Er führt weiter aus, daß gerade bei mittelständischen Unternehmen durch die hohe Belastung der Unternehmensführung mit Routineaufgaben ohne eine entsprechende Delegation die wirklichen Führungsaufgaben vernachlässigt werden und dies könne durchaus existenzgefährdend sein.

- Ständige Innovation ist unabdingbar

[1]) Vgl. Grochla, E., Puhlmann, M., Vahle. M.: Die Entlastung mittelständischer Unternehmen durch organisatorische Maßnahmen. Ergebnisse aus einer Befragung von 79 mittelständischen Führungskräften. In: Zeitschrift für betriebswirtschaftliche Forschung, 36. Jg., Heft 5, 1984, S. 395 ff.

- Innovation ist zunächst einmal das Verlassen alter Denkmuster. Nur so sind neue originäre gedankliche Kombinationen möglich. Die Orientierung ist dabei häufig zukunftsbezogen. Innovation muß aber auch die Umsetzung zum Inhalt haben. Erst dadurch können ungewöhnliche und geniale Ideen zur Blüte gelangen.
- Berth[1]) formuliert dies handfest in einer Gleichung:

  Innovation = Vision + Implementierung
  Vision = Ungewöhnliche Gedankenkombination + Szenariobildung
  Implementierung = Freiraum + Neigung

  Nach diesen Überlegungen sind die guten Ideen immer in das relevante Umfeld hineinzuprojizieren. Man hat sie vor einem Szenario zu sehen, das vorwiegend einen noch nicht existierenden Markt darstellt. Sowohl in kleinen als auch in großen Organisationen ist das Erarbeiten von Visionen möglich. Während aber in der mittelständischen Wirtschaft die Durchsetzung einer Idee häufig auch auf recht unkonventionelle Weise geschieht, sind in Großunternehmen erhebliche Restriktionen bei der Implementierung durch vorgeschriebene Standards und Genehmigungsverfahren (Rohkonzept, Marktanalyse, Produktentwicklung, Produkttests, Markttests, Budgetfreigaben usw.) gegeben. Nach Berg führte nur in 12% der 73 untersuchten Fälle erfolgreicher Innovation dieser »klassische Ansatz« zum Ziel. In 71% aller Fälle waren Freiräume, egal ob sie den Erfindern oder Neuerern offiziell zugestanden wurden oder diese sie schlichtweg erzwungen hatten, das Erfolgskriterium. Die amerikanische Literatur spricht hier von »Skunk-work«, von kleinen Stinktieren, die gegen das Althergebrachte mit eindrucksvollen Ideen anstinken. Doch Freiräume allein genügen nicht. Es muß die echte Neigung zur Sache dahinterstehen.
- Es ist immer wieder daran zu erinnern, daß die meisten Mitarbeiter eine Quelle von Ideen sind, die es zu nutzen gilt.

- Clutterbuck und Goldsmith konnten in ihrer Untersuchung im wesentlichen 5 Ursachen mangelnder Innovationsfähigkeit feststellen[2]):

[1]) Vgl. Berth, Rolf: Für die kleinen »Stinktiere« mit den großen Ideen muß die Führung Freiräume schaffen. In: Handelsblatt, 10. 3. 1986.
[2]) Heismann, Günter: Eine Frage des Stils, a.a.O., S. 210 f.

»1) Zentralisierte Forschung und Entwicklung im Elfenbeinturm. Es nutzt wenig, noch so brillante Produktneuerungen hervorzubringen, wenn die Innovationen von Marketing und Vertrieb nicht akzeptiert werden.
2) Das »Nicht-bei-uns-erfunden«-Syndrom.[1]) Viele Unternehmen sind einfach zu arrogant, Ideen von außen aufzugreifen und die technische Entwicklung bei der Konkurrenz im Auge zu behalten.
3) Ein beschränkter geographischer Horizont. Die Forschungen des Harvard-Professors Michael Porter belegen unzweifelhaft, daß Multis mit einer umfassenden globalen Perpektive im Durchschnitt bessere Leistungen erzielen, als Firmen, deren Aufmerksamkeit sich überwiegend auf die nationale Heimatbasis richtet.
4) Mangelnde Marktorientierung der Forschung und Entwicklung. Mißerfolge sind programmiert, wenn die für Forschung und Entwicklung Verantwortlichen keine klare Vorstellung davon haben, wieviel die Novität kosten darf, unter welchen Bedingungen sie eingesetzt wird und auf welchen Märkten sie abgesetzt werden soll.
5) Desinteresse im Topmanagement. Eine neuerungsfreudige Firmenkultur ist undenkbar ohne aktive Förderung durch die Führungsspitze . . .«

Weitere Schwachpunkte sind nach Quinn[2]):

»- Intoleranz gegenüber innovationsbegeisterten Mitarbeitern, die als Schwärmer, Einzelgänger und Unruhestifter abgetan werden,
- die Konzentration auf die kurzfristige Liquidität und schnell zu realisierende Marketing-, Kostensenkungs- und Übernahmestrategien, . . .
- bürokratische Reglementierungen, unter denen ein Großunternehmen für ein Experiment Tage oder Wochen benötigt, wo eine kleine Firma nur wenige Stunden braucht.«

- Um diesen Erfolgsfaktor voll zum Tragen bringen zu können, ist vor allem Wert darauf zu legen, daß die »richtigen« Mitarbeiter in einer Organisation sind. Dies bedeutet, besonderes Augenmerk auf die

[1]) Im englischsprachigen Raum wird hierfür das Kürzel NIH (Not Invented Here) verwandt; in deutschsprachigen Publikationen findet man vereinzelt die Abkürzung NHE.

[2]) Quinn, James Brian: Innovationsmanagement: Das kontrollierte Chaos. In: Harvard Manager, Heft 4, 1985, S. 24.

Auswahl der Mitarbeiter zu legen. Wichtig ist dabei u. a. die Frage der »Sozialisation«, d. h. inwieweit sich ein Mitarbeiter in die Betriebsgemeinschaft einfügen sollte. Pascale[1]) hat hierfür eine sehr interessante Prüfliste entwickelt, aus der nachstehend einige Aussagen entnommen sind:

1) Mit Neueinstellungen befaßte Personal-Mitarbeiter werden wenigstens 1 Woche lang intensiv geschult.
2) In den Bewerbungsbogen sind einige für den Unternehmenserfolg wichtige (persönliche) Eigenschaften eindeutig herausgestellt. Im Einstellungsgespräch wird ausdrücklich darauf eingegangen und das Verhalten des Bewerbers festgehalten.
3) Personal-Einstellungen erfolgen nach wenigstens 4 ernsthaften Einstellgesprächen mit jedem Bewerber.
4) Das Unternehmen erleichtert das »Abspringen« von Bewerbern durch Offenlegung von positiven und negativen Beurteilungsmomenten während des Einstellungsvorganges.
5) Neueingestellte arbeiten länger oder durchlaufen eine anspruchsvolle Ausbildungszeit und/oder sind mit Aufgaben durchschnittlicher Schwierigkeit während der ersten Monate betraut.
6) Der Gruppenzusammenhalt wird gestärkt durch gemeinsame Erfahrungen und Erlebnisse während der ersten Einarbeitungs-(Ausbildungs-)zeit im Unternehmen.
7) Alle Fachkräfte beginnen nach ihrer Einstellung im Unternehmen neu - ganz gleich, welche Berufserfahrungen oder Stellung (welche Titel) sie mitbringen.
8) Sowohl die Gehaltsfindung als auch die Beförderungskriterien setzen bei einer Anhebung das Beherrschen eines speziellen Fachgebietes voraus.
9) Die fachliche Laufbahn ist relativ konsistent während der ersten sechs bis zehn Jahre im Unternehmen.
10) Prämiensysteme, Leistungszulagen, Aufstiegskriterien und andere Erfolgsindikatoren sind in hohem Grade aufeinander abgestimmt.

[1]) Vgl. Pascale, Richard: The Paradox of »Corporate Culture«: Reconciling Ourselves to Socialization. In: California Management Review, Vol. 27, No. 2, 1985, P. 26 ff.

- Bei Führungskräften ist darauf zu achten, daß sie neben einem bestimmten Wissen und Können auch ganz bestimmte Persönlichkeitswerte besitzen. Da es sich bei diesen Werten um menschliche Eigenschaften und nicht um Kenntnisse oder Fähigkeiten handelt, ist hier das Vorhandensein charakterlicher Anlagen von Bedeutung. Diese anlagemäßig vorhandenen Gaben können durch eine systematische Ausbildung gefördert werden. Wichtig erscheinen heute vor allem folgende Eigenschaften:

  1) Gedankliche Beweglichkeit
  Die Führungskräfte müssen schwierige betriebliche Situationen selbständig logisch durchdenken können. Dabei ist es notwendig, daß sie durch gedankliche Beweglichkeit die Probleme von allen Seiten betrachten und Wesentliches von Unwesentlichem unterscheiden. Von der Beweglichkeit des Denkens hängt es ab, ob die Führungskraft sich auf unterschiedliche Aufgaben einstellen und Einzelheiten in großem Umfang überblicken kann. Einem Mitarbeiter, dessen Denken sich nur in eingefahrenen Bahnen bewegt, wird es nicht gelingen, die traditionellen Denkschemata zu verlassen und sich auf neue Situationen einzustellen.

  2) Mut zum Risiko
  Zu einer Führungskraft gehören auch die Bereitschaft und Fähigkeit zur Verantwortung und der Mut zum Risiko. Das Verantwortungsbewußtsein ist die wichtigste Voraussetzung für einen guten Vorgesetzten, da diese Eigenschaft wesentlich zur richtigen Ausrichtung seines gesamten Denkens beiträgt. Jede Verantwortung schließt den Mut zu einem gewissen Risiko ein. Dazu gehört dann aber auch der Geschäftsgrundsatz, daß ein Fehlschlag nicht gleich zur Abqualifizierung führen darf, sondern nur wiederholte Fehlschläge. Man muß aus Erfahrung lernen können. Dies bringen Peters und Austin klar zum Ausdruck: Mißerfolge werden nicht nur toleriert, sondern als Anhaltspunkt für Lerneffekte angesehen. Viele sehr erfolgreiche Manager haben Mißerfolge hinter sich, die im Unternehmen auch allgemein bekannt sind.[1])
  Die genannten Fähigkeiten sind bei den verschiedenen Führungskräftegruppen in jeweils unterschiedlicher Stärke erforderlich. Die

[1]) Vgl. Peters, Thomas J., Austin, Nancy: a.a.O., P. 193 f.

notwendige Qualifikation der Entscheidungsträger für das Fällen von Entscheidungen ergibt sich aus dem Entscheidungsgegenstand wie auch aus der Bedeutung der Entscheidung. Bei Entscheidungen über eine große Investition oder über die Einführung eines neuen Artikels sind Qualifikationen, wie Urteilsfähigkeit und Verantwortungsbewußtsein, in einer anderen Gestalt und mit einer anderen Stärke als bei Entscheidungen über die Durchführung von Arbeitsabläufen erforderlich. Bei den oberen Führungskräften, die vorwiegend echte »Führungsentscheidungen« treffen, müssen daher geistige Beweglichkeit, Ideenreichtum und Risikobereitschaft in einem weit größeren Ausmaße vorhanden sein als bei mittleren und unteren Führungskräften, die vielfach nur Entscheidungen technischen Inhalts zu treffen haben.

3) Durchsetzungsfähigkeit
Wenn eine Entscheidung in die Tat umgesetzt werden soll, dann müssen von der Führungskraft energisch entsprechende Maßnahmen ergriffen werden, weil neben sachlichen Schwierigkeiten oft auch menschliche Widerstände zu überwinden sind. Als charakteristische Merkmale der Durchsetzungsfähigkeit seien Initiative und Standfestigkeit genannt.
Eine gewisse Standfestigkeit hilft der Führungskraft, daß der einmal gefaßte Entschluß nicht bei der geringsten auftretenden Schwierigkeit umgestoßen wird. Zu dieser Standfestigkeit gehören auch Mut und Ausdauer, mit denen das gesteckte Ziel energisch verfolgt wird.

4) Kunst der Menschenführung
Je mehr Mitarbeiter einem Vorgesetzten unterstellt sind, desto höher werden die Anforderungen an seine Fähigkeit, sie richtig führen und behandeln zu können. Eine erfolgreiche Menschenführung und Menschenbehandlung erfordert von der Führungskraft eine Reihe besonderer Eigenschaften. Hierzu gehören insbesondere Einfühlungsvermögen und Kontaktfähigkeit. Durch diese Eigenschaften lernt die Führungskraft die Mitarbeiter erkennen und verstehen. Durch Geduld und Geschicklichkeit soll der Vorgesetzte die Fähigkeiten der Mitarbeiter entwickeln, durch klare Anweisungen, durch Überzeugungskraft und Ratschläge den Mitarbeiter auf den richtigen Weg bringen. Insbesondere auf die Erziehungs- und Lehrfähigkeit der Führungskräfte wird heute verstärkt großer Wert gelegt.

- Die Investitionen in die Aus- und Weiterbildung der Mitarbeiter und Führungskräfte sind systematisch zu planen und durchzuführen. Dabei muß die betriebliche Ausbildungspolitik als ein Teilbereich der allgemeinen Unternehmenspolitik aus dem Ziel der ganzen Unternehmung abgeleitet werden. Eine erfolgreiche Ausbildungspolitik basiert u. a. auf:
  - Der Ermittlung des quantitativen und qualitativen Aus- und Weiterbildungsbedarfs (umfaßt der Planungshorizont häufig 5 Jahre)
  - Der Ermittlung des vorhandenen Standes der Mitarbeiter
  - Der Feststellung der notwendigen Aus- und Weiterbildung
  - Erprobten Stoffprogrammen (sowohl standardisiert als auch individuell)
  - Dem Einsatz der adäquaten Aus- und Weiterbildungsmethoden (wobei die aktiven Lehrmethoden verstärkt einzusetzen sind)
  - Dem richtigen Zeitprogramm
  - Dem Einsatz von subjektiven und objektiven Kontrollmethoden, mit denen sich der Ausbildungserfolg feststellen läßt.[1])

[1]) Vgl. Nagel, Kurt: Die innerbetriebliche Ausbildung von Führungskräften in Großunternehmungen. Berlin 1969. Wiedemann, Herbert: Mitarbeiter weiterbilden. Ludwigshafen 1986.

6.2 Standortbestimmung und Weiterentwicklung

Verstärkte Nutzung des Mitarbeiter-Potentials

I	II	III	IV	V
- Aufgabenerfüllung nach der „Stellenbeschreibung"	- Ressortegoismus - Ungenügende Förderung und Schulung - Verständnisprobleme bei der Aufgabenerfüllung	- Die Mitarbeiter haben kaum Freiräume - Förderung und Schulung der Mitarbeiter wird als Notwendigkeit erkannt	- Verstärkte Einbindung der Mitarbeiter in die Entscheidungsprozesse - Betroffene sind Beteiligte - Reduzierte Führungsebenen - Entwicklung von übergreifendem Teamgeist	- Das Wollen und Können der Mitarbeiter wird als der bedeutendste Erfolgsfaktor gesehen und umzusetzen versucht - Bildung von abteilungs- und bereichsübergreifenden Gruppen

Tabelle 10: Standortbestimmung:
Verstärkte Nutzung des Mitarbeiter-Potentials

Genereller Erfolgs-Faktor (1)	Wesentliche Branchen-Faktoren (2)	Spezifische Unternehmens-Faktoren (3)	Welche Faktoren sind von besonderer Bedeutung? (4)	Erforderliche Voraussetzungen (5)	Was sollte bei uns getan werden? (6)	Frist (7)
Nutzen des Mitarbeiter-Potentials						

Tabelle 11: Ableitung der Erfolgsfaktoren und Aktivitäten zur verstärkten Nutzung des Mitarbeiter-Potentials

7. Erfolgsfaktor 4: Effizientes Führungssystem

7.1 Thesen und Aussagen zum Führungssystem

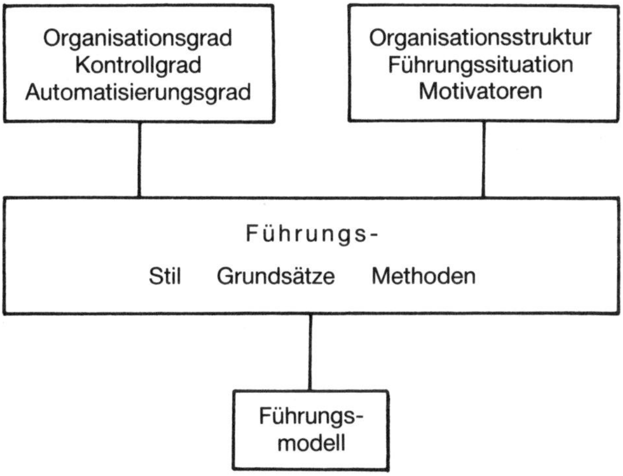

Abbildung 27: Modell eines Führungssystems.

- Das Modell eines erfolgreichen Führungssystems geht aus Abbildung 27 hervor.
- Der richtige *Führungsstil* hängt von einer Reihe von Faktoren ab. Die Frage nach *dem* richtigen Führungsstil läßt sich ganz allgemein betrachtet nicht beantworten. Wesentlichen Einfluß können u. a. haben (siehe Abb. 28):

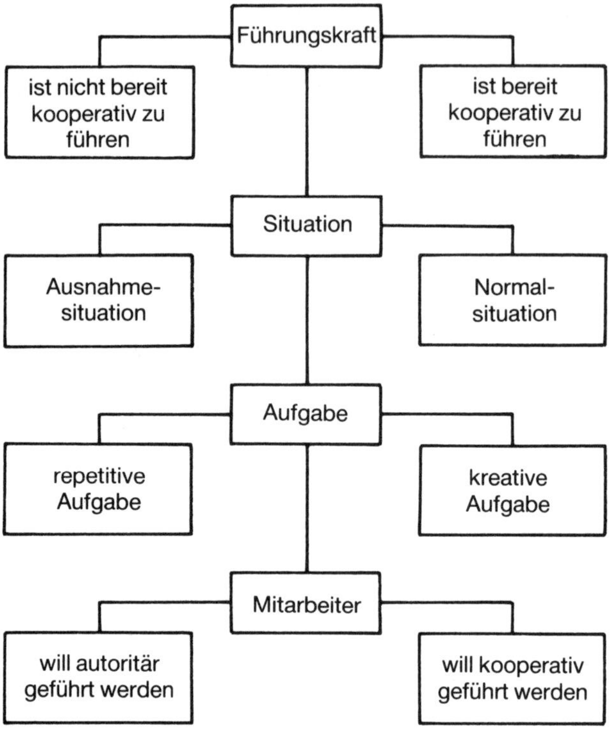

Abbildung 28: Einflüsse auf den Führungsstil.

- Die Führungskraft: Sie ist z. B. bereit, kooperativ zu führen oder sie ist nur mit Einschränkungen dazu bereit.
- Die Situation: Der Führungsstil muß z. B. in einer Ausnahmesituation anders als in einer Normalsituation sein.
- Die Aufgabe: Repetitive Aufgaben können im Gegensatz zu kreativen Aufgaben einen anderen Führungsstil bedingen.
- Der Mitarbeiter: Es dürfte in der Person des Mitarbeiters begründet liegen, ob er eher autoritär oder kooperativ geführt werden möchte (muß).

Diese und weitere Faktoren haben schon immer Einfluß auf den Führungsstil gehabt. In der Literatur werden die einzelnen Führungsstile häufig in einer bipolaren Spannungsreihe zwischen der Willensbildung beim Vorgesetzten und der Willensbildung beim Mitarbeiter/Gruppe dargestellt, wie dies aus Tabelle 12 ersichtlich wird.

- Der Einsatz moderner Informations- und Kommunikationsmedien bedingt verstärkt auch den kooperativen Führungsstil
  - Zur Zeit erfolgt der Aufbau von Machtstrukturen noch vorwiegend streng nach dem hierarchischen Prinzip. Es sind rein von »oben« her legitimierte Machtstrukturen. Die oberste Ebene wird gesetzt, von Eigentümern oder Aufsichtsrat. Von dort aus folgt die Zuweisung von Aufgabe, Verantwortung und Macht entsprechend dem hierarchischen Aufbau. Von oben kommen die Anweisungen, von unten die Vollzugsmeldungen, so daß sich dann die Kontrolle wieder ganz oben zusammenfassen läßt. Eine solche tiefgestaffelte Struktur ist um so notwendiger, je weniger organisierte Information vorhanden ist. Ohne ein strenges Befehls- und Ausführungssystem können die Systeme meist gar nicht zur Wirkung gebracht werden. Solche Systeme sind notwendigerweise weitgehend auf Improvisation angelegt.
  - Wird aber durch Informationssysteme der Organisationsgrad der Information erhöht, dann werden die Systeme zwangsläufig transparenter, und was sehr wichtig ist, sie werden für jeden transparenter. Ein großer Teil dessen, was heute noch auf Befehlen und Ausführen beruht, kann automatisiert werden. Das System wird versachlicht und regelhaft. Damit ist auch die durchgehende Machtstruktur unnötig. Die meisten heute noch notwendigen Entscheidungen sind bereits generell getroffen und bedürfen der Improvisation nicht mehr. Damit kann einerseits für Steueranweisungen und Rückkoppelungen der strenge hierarchische Lauf entlang der Linie verlassen werden. Der Aufgabenverbund, der ja sehr vermischt sein kann, ist für das operative Handeln entscheidend, nicht die Machtstruktur. Schwerpunkt des hierarchischen Systems wird die Personalführung. Damit kann auch die Zahl der hierarchischen Stufen abnehmen.
  - Der moderne Wandel hat auch erhebliche Auswirkungen auf den Führungsstil. Die Änderung geht vom autoritären zum kooperati-

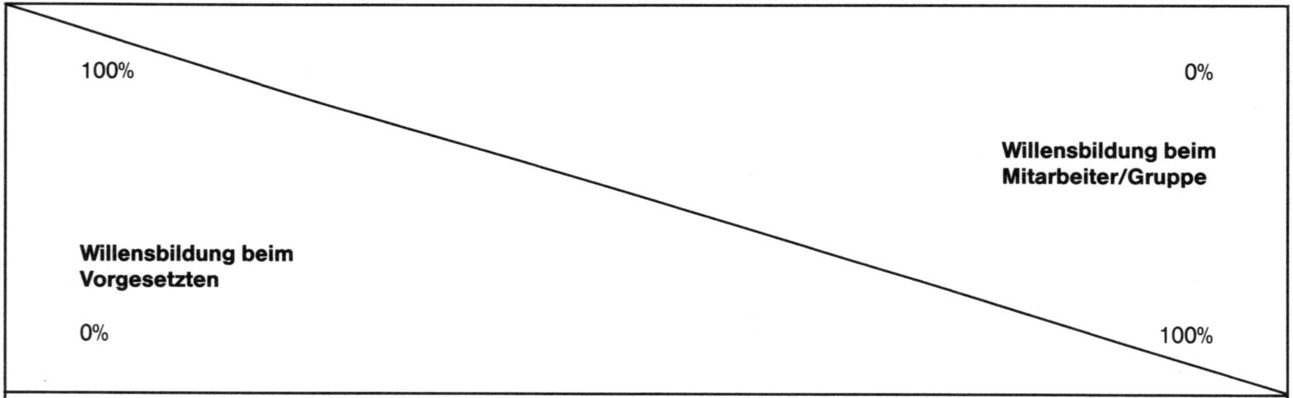

Charakterisierung	Vorgesetzter entscheidet, häufig unter Zwang und ordnet an	Vorgesetzter entscheidet, setzt durch, häufig mit Manipulation	Vorgesetzter entscheidet, setzt mit Überzeugung durch	Vorgesetzter informiert, Meinungsäußerung der Betroffenen	Gruppe entwickelt Vorschläge, Vorgesetzter wählt aus	Gruppe entscheidet in vereinbartem Rahmen autonom	Gruppe entscheidet autonom, Vorgesetzter als Koordinator
Benennung	**„autoritär"**	**„patriarchalisch"**	**„informierend"**	**„beratend"**	**„kooperativ"**	**„partizipativ"**	**„demokratisch"**
	Autoritärer Führungsstil						Demokratischer Führungsstil

Tabelle 12: Führungsstile

ven Führungsstil. Das ist nicht eine zwangsläufige Folge der Informationssysteme, es wird dadurch nur erleichtert. Auf einer allgemein niedrigen formalen Informationsbasis lassen sich viele Anordnungen nicht klar begründen, und das wird auch nicht erwartet. Insofern sind die Anordnungen von »unten« her kaum angreifbar, denn auch der Kritik fehlen die beweiskräftigen Informationen. Damit wird ein autoritärer Führungsstil in gewisser Weise sogar notwendig. Wenn aber Entscheidungen und damit auch Anordnungen nachvollziehbare logische Ansätze haben, kommt ein Zug mehr Demokratie und Kooperation in das System.

- Die Auswirkungen der Informations- und Kommunikationstechniken auf die Mitarbeiter sind verstärkt zu beachten. Im folgenden werden wesentliche Tendenzen aufgezeigt. Basierend auf diesen Überlegungen sollten die Entscheidungsträger konkrete Handlungsanweisungen ableiten.

1) Auswirkungen in der syntaktischen (formalen) Ebene

Status:

- Die syntaktische (oder formale) Ebene umfaßt den gesamten Komplex
  - der Datenerfassung,
  - der Datenordnung,
  - der Datenverarbeitung (mit Rechnen, Schreiben usw.) und
  - der Datenarchivierung.
- Das mengenmäßige Schwergewicht der Büroarbeit liegt auch heute noch in diesem Bereich, d. h. wir haben hier nach wir vor einen großen Personalbedarf.

Tendenzen:

- Die gesamte syntaktische Ebene ist automatisierbar. Dies bedeutet, daß
  - für die meisten Tätigkeiten im Bereich des Datenhandlings nur noch sehr wenig Personal gebraucht wird;
  - vorwiegend im Bereich Betrieb und Wartung des automatisierten Systems organisatorische und technische Qualifikationen notwendig sind.

- Der formale Datenverarbeitungskomplex wird in einem bisher unvorstellbaren Maße quantitativ und logisch ausgeweitet werden. Vor dem Hintergrund der neuen technischen und formalen Möglichkeit bedeutet dies:
  - was an Datenverarbeitung zur Bereitstellung immer besserer Informationen zweckmäßig erscheint, ist ökonomisch,
    logisch und
    zeitlich möglich;
  - einen erheblichen zusätzlichen Personalbedarf mit anderen Qualifikationen für andere Tätigkeitsbereiche als bisher. Gebraucht werden in erster Linie Mitarbeiter mit Informatikwissen für verschiedene Fachbereiche (Technik, Wirtschaft usw.) sowie qualifizierte Datenverarbeiter.

2) Auswirkungen in der semantischen Ebene (Ebene der Bedeutung)

Status:

- Die semantische Ebene umfaßt im weitesten Sinne die Tätigkeit
  - der Sachbearbeiter
  - der Disponenten und
  - der Stäbe.
- Auf dieser Ebene ist heute der Organisationsgrad noch relativ niedrig. Entscheidungen werden häufig ohne konkrete, allgemeinverbindliche Regeln getroffen. Außerdem ist die Optimalität des Handelns meist nicht bekannt und gegeben.

Tendenzen:

- Die wesentlichste Änderung für die Zukunft wird darin bestehen, daß die Regeln
  - bis ins einzelne formalisierbar werden,
  - in hohem Umfang der Objektivierung und Optimierung entsprechen und
  - maschinell ablaufen.
- Die wichtigste Aufgabe für den Menschen besteht in der ständigen
  - Verbesserung,
  - Betreuung und
  - Kontrolle des Regelsystems.

- Die Aufgabe der Stäbe wird verstärkt darin bestehen
  - Datenreihen, Datenstrukturen usw. auszuwerten und
  - Entscheidungsmodelle aufzubauen.
- Die Ansprüche an die Bildungsvoraussetzungen betreffen künftig in diesem Bereich verstärkt neben dem fachlichen auch das formale Wissen und Können.

3) Auswirkungen in der pragmatischen Ebene (Ebene der praktischen Umsetzung)

Status:

- Wesentliches Merkmal dieser Ebene ist die Umsetzung der Informationen in Taten. Die eigenständige Pragmatik liegt bei den zur Machtausübung befugten Instanzen des Unternehmens oder der Verwaltung.
- Gegenwärtig gibt es hinsichtlich der Organisationsverantwortung und -durchsetzung beim Management u. a. folgende Schwachstellen:
  - Es fehlen Geschäftsgrundsätze und Zielsysteme für die einzelnen Ebenen.
  - Die Planungsansätze müssen in zahlreichen Fällen verbessert werden.
  - Die maschinellen Möglichkeiten werden zu wenig genutzt.

Tendenzen:

- Die Verbesserung der Informationsbasis und der verstärkte Einsatz von Computerleistung am Arbeitsplatz gibt auch dem Management die Möglichkeit, die Chancen der Individuellen Datenverarbeitung zu nutzen.
- Mit Hilfe der Individuellen Datenverarbeitung lassen sich u. a. verstärkt wahrnehmen
  - Planungsaufgaben,
  - Modellanalyse und -rechnung (Simulationen),
  - kurzfristige Auswertungen.

- Eine zunehmende Bedeutung dürfte für die Entscheidungsfindung des Managements der Einsatz von Simulationsmodellen, deren

Anfänge in den Lehrmodellen (Planspielen)[1]) liegen, haben. Die Entwicklung zeigt, daß Manager mehr und mehr gehalten sind, einen bestimmten betrieblichen Entscheidungsfall in ein Modell zu überführen und vor der Umsetzung in die Praxis zu testen (siehe Abb. 29).

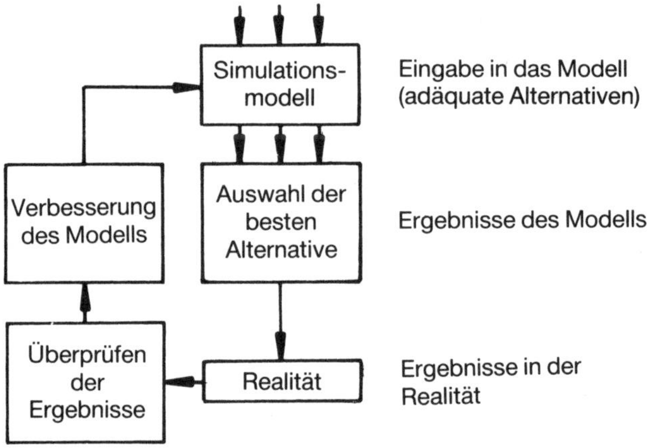

Abbildung 29: Struktur eines Simulationsmodells.

- Erfolgreiche Unternehmen verfügen über *Führungsgrundsätze*
  - Die Führungsgrundsätze sind Leitlinien für die vertrauensvolle Zusammenarbeit zwischen Führungskräften und Mitarbeitern. Seit Beginn der siebziger Jahre beschäftigt man sich in Wirtschaft und Verwaltung verstärkt mit Führungsanweisungen. Eine 1979[2]) durchgeführte Befragung bei 360 Großunternehmen ergab u. a.:
    - 75 hatten die Grundsätze schriftlich fixiert
    - 60 befanden sich in der Planung und Realisierung
    - 100 befanden sich im Diskussionsstadium

[1]) Vgl. Nagel, Kurt, Werner, Jürgen: Das Unternehmungsspiel: Betriebswirtschaftliches Entscheidungstraining. München und Wien 1985, S. 9 ff.

[2]) Vgl. Winter, Rosemarie: Meinungen. Wegweiser zum Erfolg – Führungsgrundsätze in Wirtschaft und Verwaltung – eine vergleichende Studie. In: Zeitschrift für Organisation, 47. Jg., Heft 5, 1978, S. 241 ff.

- Sie bewegen sich im Rahmen der geltenden Gesetze und tariflichen Bestimmungen und basieren üblicherweise auf dem kooperativen Ansatz des Konzeptes »Führen durch Ziele« (Management by Objectives) und »Führen durch Delegation« (Management by Delegation).
- Die Grundsätze sollen Orientierungshilfen für die wesentlichen Führungssituationen geben.
- Die Führungsgrundsätze sind für alle Vorgesetzten und Mitarbeiter der Unternehmung verbindlich. Besonders gefordert sind dabei die Führungskräfte: als wertsetzende Vorbilder[1]).
- Führungsgrundsätze können mit dazu beitragen, daß die Mitarbeiter sich wie in einer großen Familie fühlen[2]).
- Führungsgrundsätze behandeln u. a.:
  - Pflichten der Mitarbeiter
  - Pflichten der Vorgesetzten
  - Mitarbeitergespräch und Mitarbeiterbesprechung
  - Dienstaufsicht und Erfolgskontrolle
  - Grundsätze für die Information
  - Richtlinien
  - Dienstweg
- Beispiele zur Gestaltung des Vorwortes:

  Deutsche Bundespost:

  »Mit der Leitlinie verfolgt die DBP für ihre Mitarbeiter humane und soziale Ziele. Sie räumt den Mitarbeitern erweiterte Entfaltungsmöglichkeiten im Bereich ihrer Aufgabenerfüllung ein.«
  »Die Leitlinie soll auch dazu beitragen, den Erfolg der DBP bei der Erfüllung ihrer gesetzlichen Aufgaben zu gewährleisten.«

  Co-op

  »Diese Grundsätze sind ein wichtiges Mittel fortschrittlicher Unternehmensführung, die eine solide Planung und Organisation unter Beteiligung der Mitarbeiter ermöglichen. Spannungen zwischen Mitarbeitern und Führungsmängel, die eine enorme psychische Belastung der Mitarbeiter zur Folge haben können, wer-

[1]) o.V.: Zurück zum Vorbild. In: Wirtschaftswoche, Nr. 1/2, 1986, S. 44 ff.
[2]) o.V.: Man fühlt sich wie in einer großen Familie. In: Blick durch die Wirtschaft, 5. 7. 1984.

den bei Einhaltung der Grundsätze weitgehend vermieden. Insofern sind die Grundsätze der Zusammenarbeit auch ein Beitrag zur Humanisierung der Arbeit.«

- Als die am vordringlichsten zu lösende Aufgabe in den Führungsanweisungen wird heute verstärkt der Problemkreis der »Delegation« angesehen. Im folgenden werden hierzu einige Beispiele gebracht.
- Beispiele zur Gestaltung der »Delegation«

  Co-op:

  Der Mitarbeiter ist bereits beim Prozeß der Zielplanung und Zielformulierung zu beteiligen. »Er muß darauf achten, daß in seinem Aufgabenbereich wirtschaftlich gearbeitet und jeweils das bestmögliche Ergebnis erzielt wird. Für das, was er in seinem Bereich tut oder zu tun unterläßt, ist er verantwortlich!«

  Bertelsmann:

  »Die Führung folgt über alle Ebenen dem Prinzip der Delegation. Aufgaben, Befugnisse und Verantwortung müssen sich entsprechen und sind so weit wie möglich auf die Mitarbeiter zu übertragen.«

  Texas Instruments:

  »Wir sind bestrebt, eine Arbeitsumgebung zu schaffen, die jeden einzelnen dazu motiviert, mit der Verfolgung der persönlichen Ziele gleichzeitig auch jene des Unternehmens zu erreichen.«
- Erst nach eindeutiger Abgrenzung des Bereichs, in dem der Mitarbeiter selbstständig zu handeln und zu entscheiden hat, können sich die Führungsgrundsätze voll auswirken. Das Prinzip der Delegation von Verantwortung soll durch die Regeln, Grundsätze, Pflichten und Rechte der Allgemeinen Führungsanweisung konkretisiert und gesichert werden.
- Die »Allgemeine Führungsanweisung« bestimmt also, wie sich jeder Vorgesetzte im Rahmen einer Führung mit Mitarbeiterverhältnis gegenüber seinen Mitarbeitern und umgekehrt jeder Mitarbeiter gegenüber seinem Vorgesetzten zu verhalten hat.

Führungsgrundsätze stellen den entscheidenden Schritt in eine Richtung dar, die die Organisationen von Wirtschaft und Verwaltung heute einschlagen müssen, wenn es darum geht, die Mitbestimmung am Arbeitsplatz zur Realisierung und dem Verhalten des Managements eines Tages auch international durch Aufstellung von Rahmenrichtlinien oder Codices eine sichere Basis und ihren Organisationen auch langfristig Erfolge zu bieten[1]).

- Bei erfolgreichen Unternehmen findet eine verstärkte Anwendung der *Management-Methoden* statt. Im Vordergrund stehen in der Praxis:
  - Management by Objectives
  - Management by Delegation
  - Management by Exception
- Die wesentlichen Ziele und Voraussetzungen für die Einführung dieser und weiterer Methoden gehen aus Tabelle 13 hervor.

  In Tabelle 13 wurde der Versuch gemacht, 29 Management-Methoden in einer Synopse zusammenzufassen. Mit Ausnahme der ersten und letzten drei Methoden erfolgte die Darstellung nach folgenden Gesichtspunkten:

  a) Dispositions- und entscheidungsbezogene Methoden (Nr. 4–9),
  b) leistungs- und motivationsgeprägte Methoden (Nr. 10–17),
  c) organisatorisch orientierte Methoden (Nr. 18–26).[2])

[1]) Vgl. Winter, Rosemarie: a.a.O., S. 241 f.
[2]) Vgl. Nagel, Kurt: Fachabteilung und DV-Organisation. 2. Aufl., München 1979, S. 87 ff.

Kriterien Mb ... Methoden	Konzept	Ziele	Voraussetzungen für die Einführung	Eignung bzw. Auswirkungen für die einzelnen M-Ebenen	Durchführungskontrolle	Flexibilität	Interdependenz zu anderen MS
1 Objectives	Führung durch kooperative Zielfindung und definitive Zielsetzung	Objektivierung des Zielsetzungs- und Leistungsprozesses, eindeutige Strategien, Fortschrittsorientierung, leistungsbezogenes Vergütungs-S	Quantifizierung der Ziele, klare Verantwortungs- und Aufgabenbereiche, Leistungs- und Beurteilungsmaßstäbe	Auf allen drei Ebenen gut realisierbar, kooperative Teamarbeit ist Voraussetzung!	Fortschrittsbesprechung, Leistungsberichte, Zielerfüllungsgradanalyse	Bestdurchdachtes MS, hohe Effizienz des M aller Ebenen	Accountability M, Mb Mot, Mb Res, Mb Pla, Mb Alt, Mb Per, Mb Bud, Mb Imp, MbD
2 Delegation	Führung durch klare Kompetenzverteilung „Führung" im Mitarbeiterverhältnis"	Initiative- und Mitverantwortungsförderung, Mitunternehmerfunktion der Mitarbeiter, Aufgabenorientierung	Delegation von Aufgaben, Kompetenzen und Verantwortung, Stellenbeschreibung, Kontrolle	TM-auslösendes Moment MM-eigentliche Aktionsbasis, LM-breite Führungsaktivität	Dienstaufsichts- u. Erfolgskontrolle, Kontrollplan	Ergänzungsbedürftig durch Zielvorgaben, starrer Organisations- u. Funktionsausbau	Mb Mot, MbO, Mb Inc, Mb Cha, Mb Inf, Mb Com, Mb Coor, Mb Par
3 Exception	Führung nur in Ausnahmesituationen	Entlastung von Routine- und generell programmierbaren Entscheidungen	Maßstäbe- und Maßnahmefixierung für quantitative und qualitative Abweichungen, Grenzwertregeln	TM-Analyse, Diagnose, MM-selbstverantwortliche Problemlösung, LM-Ergänzung des MbO	Weitgehende Selbstregulierung durch laufende Kontrolle	Schnelle Entscheidungen, Zeitersparnis, höhere Effizienz der Mitglieder der oberen Führungsebenen	Mb D–R, Mb Res, Mb Proj, Mb S–C
4 Planning	Führung durch ziel- und tätigkeitsorientierte Maßnahmenplanung	Minderung von Unsicherheitsfaktoren und Leistungsdissonanzen	Exakte Alternativpläne, Marktanalysen, Anwendung von OR-Methoden	Wer plant heute nicht?	Laufende Planerfüllungsgradmessung, s. MbO	Es kommt auf die Qualität und Quantifizierung der Planziele an	MbO, Mb Bud, Mb Alt, Mb Imp, Mb Res
5 Budgets	Führung durch Aufwandslimitierung	Prämissen sind: Liquidität, Rendite, Substanzerhaltung, Faktorkombination nach dem Rationalprinzip	Absatz-, Produktions-, Finanz-, Kostenpläne, Planungskontrolle	TM und MM-Erziehung zum kosten- und zielbewußten Denken	Abweichungsanalyse, Korrekturmaßnahmen, s. MbO	Maßstäbe sind: Finanzierungsmöglichkeiten und Eventualhaushalte	MbO, Mb Alt, Mb Pla
6 Alternatives	Problemlösungsmöglichkeiten nur unter mehrdimensionalen Aspekten	Ausschöpfung aller potentiellen Möglichkeiten in bezug auf Zielsetzung, Planung, Realisierung	Bewertungsmaßstäbe für die einzelnen möglichen Lösungen, Nutzwertanalyse	TM-geeignet MM-bedingt geeignet	Abhängig vom Führungsstil	„Anscheinend" sehr hoch	MbO, Mb Pla, MbD, Mb D–R

7 Importance (Priority-Decisions)	Führung durch Vorgabe von Entscheidungsgewichtigkeiten	Das Wichtigste soll zuerst erledigt werden	Dringlichkeitserfüllungsmaßstäbe für Ziele, Entscheidungen, Aufgaben und/oder Projekte	MM und LM-Unterziele haben sich an Gesamtunternehmenszielen zu orientieren	Anpassung des Arbeitsvollzugs	Änderung der Interessenlage oder der Bedingungen = Änderung der Prioritäten	MbO, MbD, Mb D–R
8 Perception	Führung durch systematische Wahrnehmung erfolgversprechender Ziele	Eliminierung unklarer, risikoreicher, wenig profitversprechender Ziele	Wissen um die erfolgversprechenden Ziele	–	Aussonderung unangemessener Ziele	Spricht für sich selbst	MbO
9 Decision-Rules	Entscheidungs-Richtlinien-S	Reagibilitätserhöhung durch Ausschalten zeitraubender Rückfragen	Regelkataloge müssen allgemeingültig, Maßnahmen überprüfbar sein	Kritisch bei Ausnahmesituationen	Problemlos, da Richtlinienkatalog existiert	Der Katalog verhindert Eigeninitiative	Mb Imp, MbE, Mb Alt für TM
10 Motivation	Führung durch systematische u. ideelle Mitarbeiterbeeinflussung	Förderung der Leistung und der Bereitschaft zur Mitarbeit	Bedürfnisanalyse, Betriebspsychologen und -soziologen	Gefahr von Konfliktsituationen bei pos. oder neg. Manipulation	Erfolgsmessung schwierig, da emotionale und ideelle Faktoren eine Rolle spielen	Kommt auf die Zielperspektive an	Nur in Verbindung mit anderen S effizient MbO, MbD, MbE, Mb Inv
11 Teaching	Führung durch systematische Mitarbeiterschulung	Leistungsreserven sollen mobilisiert werden	Beurteilungssystem und Entscheidungsinstanz – wer, wann, wie gefördert wird	Selbstredend	Soll-Ist-Vergleich des Anforderungs- und Leistungsprofil	Sehr hoch, wenn gut funktionierende Personaldatenbank	MbO, Mb Cha, Mb Inc, Mb Mot
12 Incentives	Führung durch Setzen von Leistungsanreizen (performance centers)	Erreichung höherer Leistungsintensität	Leistungsnorm, -fähigkeit und -wille stimmen überein, Ziel-, Ergebnisorientierung	Nur wer erfolgreich ist, hat Erfolg!	Aufwand-Ertrags-Vergleich	Kommt auf die Vorgesetzten an	MbO, Mb Tea, Mb Mot, Mb Cha
13 Chances	Führung durch Gewährung positiver Veränderungsmöglichkeiten	Leistungs- und Statusmotivation	Fixierung und Publizierung der Grundlagen für Aufstiegschancen	„Peter-Prinzip" Karrieremanipulation?	–	Abhängig von Führungsform und -stil	MbO, Mb Tea, Mb Inc, Mb Mot
14 Partizipation	Mb Com und beratende Mitwirkung beim Entscheidungsprozeß	Jeder soll das Gefühl haben, eine unternehmenswichtige Rolle zu spielen, die Breite des Kenntnisfeldes der Mitarbeiter ausnutzen	Kollegialer, demokratischer Führungsstil unabdingbar	Konfliktsituationen bei Nichtbeachtung subjektiver Einwände	Ohne Ergebnisbewertungsmaßstäbe unmöglich	Abhängig vom Führungskader oberer Ebenen	MbD, MbO, Mb Mot

Tabelle 13: Synopse von 29 ausgewählten Management by . . . Methoden

Kriterien Mb ... Methoden	Konzept	Ziele	Voraussetzungen für die Einführung	Eignung bzw. Auswirkungen für die einzelnen M-Ebenen	Durchführungskontrolle	Flexibilität	Interdependenz zu anderen MS
15 Innovation	Führung durch permanente Forschung, Rationalisierung und Neuerung	Laufende Anpassung an zukünftige Entwicklungen, Konkurrenzfähigkeit soll erhöht werden	Hohe Reagibilität der Organisation, kreativer, risikobereiter Mitarbeiterstab	Mehr funktionsbereichsbezogen, Forschung und Entwicklung	Ungewisser Erfolg, bei größeren Projekten nur langfristig meßbar	Zeitraubend, personal- und kostenaufwendig	Gemildertes Mb Bth, Mb Inc, Mb Cha
16 Breakthrough	Aggressiv-kreative Unternehmenspolitik, offensive Führungstaktik	Mobilisierung aller geistig-schöpferischen Kräfte im Unternehmen, Verbesserung der Marktposition	Zukunftsorientierung, Faktoranalyse	Statusquosicherung oder Durchbruch zu neuen Leistungsebenen	Einmal geplante Veränderungen müssen strikt durchgeführt werden	Entweder oder	Aggressives Mb Inv, Mb P–C, Mb Res
17 Results	Ergebnisorientiertes Gewinnsystem	Produktivitätssteigerung, Leistungsoptimierung	Eindeutige Zielformulierung, rollende Planung	Für alle Ebenen evident	Periodischer Vergleich der erzielten Ergebnisse mit den gesetzten Zielen	In Plantoleranzgrenzen ja!	MbO für TM, MbE
18 Profit-Centers	Gewinnverantwortliches Betriebseinheitssystem auf Konzernebene	Individuelle Leistungserstellung, regional-, branchen-, absatzorientiert	Föderalistische Dezentralisation, sparten-produktorientierte Organisation	TM-einheitliche Unternehmenspolitik MM u. LM-eigene Durchführungsverantwortung	Nur bei außerordentlichen Leistungsschwankungen Konzernrevision	Gewinn ist die Maxime; daran hat sich alles zu orientieren	MbO, MbD, MbE
19 Cooperation	Führung durch sinnvolle Zusammenarbeit	Spannungsausgleich zwischen Leistungszielen und individuellen Verhaltensformen	MbO + MbD + Laissezfaire	Für alle Ebenen geeignet	Leistungsberichte, Gesprächsprotokolle, Erfolgsmeldungen	Siehe Mb Cha	MbO, MbD, MbE, Mb Cha
20 Integration	Führung durch Zwang zum systemkonformen Verhalten	„Zahnradprinzip" (kann auch pos. gesehen werden)	Charismatische Führerpersönlichkeiten	Abhängig vom Organisationsgrad	Rechtfertigt sich selbst	Nicht eindeutig, weil Bemessungsgrundlagen fehlen	MbO, MbD, MbE
21 Coordination	Ergänzung des MbCoop, Int. Abstimmung unterschiedlicher Interessensphären	Bei fehlender Integration, positive Einwirkung aus Schwachstellen	Fixierung der Interventionsbefugnisse	Ohne Motivierung jedwelcher Art keine Erfolgsaussicht	–	–	MbO, MbD, MbE

22 Communication	Weitgehender horizontaler und vertikaler Informationsaustausch	Effektive Leistung durch umfassenden Informationsaustausch	Informationsart, -umfang, -adressen, -sequenzen müssen bekannt sein	Zeit- und Kostenaufwand müssen zum Nutzeffekt in Relation gesehen werden	Durch ein gutes Informationssystem ist jede gewünschte Stelle verantwortlich erreichbar	Gefahr der Überproportionierung der Informationen	MbE, MbO, MbD, Mb Inf
23 Information	Integriertes MIS	Rechtzeitige Anpassung an sich ändernde ex- und interne Bedingungen, Verbesserung der Planungsfunktion	Fixierung: wer, wann, wie, worüber und wie oft informiert wird	Für alle M-Ebenen geeignet	Funktionierendes Überwachungsinstrumentarium	Erweiterungsbedürftig (MbO), Anwendungsbezogenheit	MbO, MbD, MbE, Mb Com, Mb Coop, Mb Int
24 Projects	Schaffung von Teams für Projektplanung und -realisation	Schaffung optimaler Voraussetzungen für die Lösung komplexer Probleme	Funktionale Dezentralisation, Matrixorganisation	MM und LM-zeitl. begrenzte Aufg.-delegation u. damit verbundene Verantwortung	Rückkoppelung auf Planziel durch Zwischenergebnisse	Das Projektziel muß unbedingt erreicht werden	MbD, MbO, Mb Res, Mb Pla
25 Direction and Control (Authority)	„Law and Order-Prinzip", Vertrauen ist gut, Kontrolle ist besser	Im gesamten Unternehmensprozeß soll nichts unkontrolliert ablaufen	Starke Führerpersönlichkeit an der Unternehmensspitze. Energie und Ehrgeiz des TM	Eingegrenzte überschaubare Bereiche	Spricht für sich selbst	Alles hängt von der „Grauen Eminenz" an der Unternehmensspitze ab	Mb Cham, Mb Er
26 Self-control	Führung durch zweck- und zielbewußte Funktionsmotivation	Entlastung der nächsthöheren Stufe von Routinearbeiten	Geschäftspolitik, Strategie, Planziele, Aktionsphasen müssen festliegen und bekannt sein	Siehe MbE	Kontrolle der Kontrolle	Setzt Zielsetzungs-, Planungs- und Organisationsrichtlinien voraus	Eingeschränktes MbE
27 System	Computerisierte kybernetische Führungsmethode	Systematisierung, Programmierung u. Automatisierung administrativer Prozesse	Computergestützte Steuerungssysteme	Wäre die Lösung, was fehlt ist meist eine umfassende Systemanalyse	Steuerung durch Schaffung von Regelkreisen	Bei guten Systemen ist sie organisiert	Insbesondere zu MbO und MbE
28 Champion	Managen des Managements	„Culpa in eligendo"	Planungs-, Organisations- und Führungsgenies	Projektions-Identifikationsmechanismus	Was der Chef sagt, wird gemacht, er genießt echte Autorität	Hängt vom Chef ab	Mb DaC
29 Errors	Führung d. kreative Fehlentscheidung „Grat hög - Norsjö - Entscheidungsmethode"	Eine falsche Entscheidung ist besser als gar keine Entscheidung	Unbefangenheit u. Kreativität der Entscheidungsträger	Je unvollständiger die Entscheidungsunterlagen, desto höher die Erfolgsquote	Entfällt, da nach Poisson-Statistik + Kreativitätskorrelation Erfolgsquote 77,3–92,8%	„Selbstredend"	Griechisches Orakelprinzip, M-Consultants

Tabelle 13: Synopse von 29 ausgewählten Management by . . . Methoden

Die Abkürzungen haben folgende Bedeutung:

M	– Management
S	– System
MS	– Management-System
TM	– Top-Management
MM	– Middle-Management
LM	– Lower-Management
MbO	– Management by Objectives
MbD	– Management by Delegation
MbE	– Management by Exception
Mb Pla	– Management by Planning
Mb Bud	– Management by Budgets
Mb Alt	– Management by Alternatives
Mb Imp	– Management by Importance (Priority-Decisions)
Mb Per	– Management by Perception
Mb D–R	– Management by Decision-Rules
Mb Mot	– Management by Motivation
Mb Tea	– Management by Teaching
Mb Inc	– Management by Incentives
Mb Cha	– Management by Chances
Mb Par	– Management by Participation
Mb Inv	– Management by Innovation
Mb Bth	– Management by Breakthrough
Mb Res	– Management by Results
Mb P–C	– Management by Profit-Centers
Mb Coop	– Management by Cooperation
Mb Int	– Management by Integration
Mb Coor	– Management by Coordination
Mb Com	– Management by Communication
Mb Inf	– Management by Information
Mb Proj	– Management by Projects
Mb DaC	– Management by Direction and Control
Mb S–C	– Management by Self-Control
Mb S	– Management by System
Mb Cham	– Management by Champion
Mb Er	– Management by Errors.

7.2 Standortbestimmung und Weiterentwicklung

Effizientes Führungssystem

I	II	III	IV	V
- Führungsstil ist naturgegeben - Oft ungeeignete Führungskräfte - Management-Methoden werden so gut wie nicht verwandt	- Vermittlung wesentlicher Erkenntnisse an die Führungskräfte - Delegation von Verantwortung, Aufgaben, Befugnisse wird angestrebt	- Realisierung vorwiegend kooperativer Führungsstile - Noch häufig relativ große Reibungsverluste und Widerstände bei Umstrukturierungsmaßnahmen - Verbesserte Kommunikation	- Erstellen von Führungsgrundsätzen - Meinungsbefragung der Mitarbeiter über Führungsverhalten und Führungsstil - Konfliktabbau - Management by Objectives und Management by Exception wird verstärkt realisiert	- Führungsstil gewährleistet die Umsetzung der Strategien im besten Sinne - Führungsgrundsätze u. Management-Methoden bilden einen integralen Bestandteil des Führungssystems

Tabelle 14: Standortbestimmung: *Effizientes Führungssystem*

Genereller Erfolgs-Faktor (1)	Wesentliche Branchen-Faktoren (2)	Spezifische Unternehmens-Faktoren (3)	Welche Faktoren sind von besonderer Bedeutung? (4)	Erforderliche Voraussetzungen (5)	Was sollte bei uns getan werden? (6)	Frist (7)
Effizientes Führungs-system						

Tabelle 15: Ableitung der Erfolgsfaktoren und Aktivitäten zu einem effizienten Führungssystem

8. Erfolgsfaktor 5: Marktnahes Informations- und Kommunikationssystem

- Es ist gegenwärtig unbestritten, daß effiziente Informationssysteme (IS) ein wesentlicher Erfolgsfaktor sind. Informationsverarbeitung darf heute keine technische Spezialdisziplin mehr sein. Informationen müssen als Unternehmensressourcen anerkannt werden. Damit wird das Managen der Informationen eine wichtige Unternehmensaufgabe.

  Um die Qualität des speziellen Informationssystems besser beurteilen zu können, ist es sinnvoll, das Modell einer differenzierten Standortbestimmung näher zu beschreiben. Dieses Modell lehnt sich bezüglich der Phasenfolge an das von Nolan entwickelte Konzept an. Es werden zunächst die auch für die anderen Erfolgsfaktoren fixierten 5 Phasen unterschieden:
    1) Start
    2) Ausweitung
    3) Konsolidierung
    4) Wachstum
    5) Integration.

  Als wesentliche IS-Funktionen können fixiert werden:
    1) IS-Strategie
    2) IS-Planung
    3) IS-Führung und Organisation
    4) Datenmanagement
    5) Anwendungsmanagement
    6) Produktion.

  Ordnet man Phasen und Funktionen in eine Matrix ein, dann ergibt sich die Basis für eine differenzierte Analyse. Die Entscheidungsträ-

ger können dann den Ausprägungsgrad der einzelnen Funktionen gut erkennen und die erforderlichen Aktivitäten für eine Priorisierung und Weiterentwicklung aufsetzen (siehe Abbildung 30).
Im folgenden wird auf die einzelnen Funktionen kurz eingegangen.

- Ein effizienter Einsatz der Informationsverarbeitung in Wirtschaft und Verwaltung führt mehr denn je zu einer höheren Produktivität. Aus Firmenaussagen geht hervor, daß man beispielsweise bei Inve-

Phase / IS-Funktion	Start	Ausweitung	Konsolidierung	Wachstum	Integration
IS-Strategie					
IS-Planung					
IS-Führung und Organis.					
Daten					
Anwendungen					
Produktion					

Abbildung 30: Funktionen und Phasen bei Informations- und Kommunikationssystemen.

stitionen in die Individuelle Datenverarbeitung mit Kosten-/Nutzen-relationen von 1:3/4 rechnet.

- Bei Wirtschaftlichkeitsüberlegungen bezüglich des Einsatzes der Informationsverarbeitung muß verstärkt gesehen werden, daß Kostenfaktoren wie Speicherung der Daten/Informationen auf Papier (Kosten, die häufig einige % des Umsatzes in verschiedenen Organisationen ausmachen), Telefon, Telex usw. bei integrierten Lösungen mit einem wesentlich geringeren Anteil in das Kalkül eingehen.
- Entscheidend bei Wirtschaftlichkeitsüberlegungen sind insbesondere die erzielbaren Produktivitätsverbesserungen für die Mitarbeiter. So wurde z. B. bei zahlreichen Untersuchungen ermittelt, daß eine Verbesserung der System-Antwortzeit die Personalkosten reduziert. Zieht man die Kosten für eine System-Investition in Betracht, dann könnten die in Abb. 31 fixierten Funktionsverläufe auftreten.

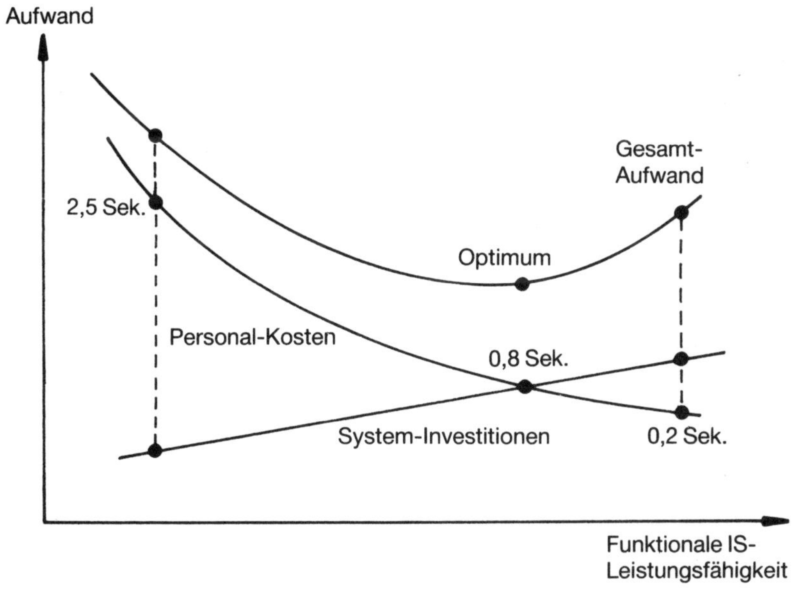

Abbildung 31: Optimierung Personalkosten und System-Investitionen.

8.1 IS-Strategie

Thesen und Aussagen:

- Nur durch eine langfristige Strategie werden Informations- und Kommunikationssysteme zu einem Erfolgsfaktor und wesentlichen Wettbewerbsvorteil.
- Die Unternehmensleitung muß die IS-Ziele festlegen. Zur Definition der Ziele sollte auch die Bekanntgabe der zukünftigen Unternehmenspolitik gehören. Das oft überschätzte Prinzip der Geheimhaltung muß in diesen Fällen durchbrochen werden.
- Die Unternehmensleitung muß beim Aufbau und der Einführung von neuen Informations- und Kommunikationskonzepten in der Verantwortung bleiben. Sie kann jedoch nur dann in der Verantwortung bleiben, wenn sie in der Lage ist, die Arbeit der IS-Fachleute zu verstehen und zu kritisieren. Dabei ist mit Nachdruck zu empfehlen, daß das Management Kenntnisse über die Trends der Hard- und Software hat.
- Das Management muß sich der Größe, Bedeutung und des Risikos der wichtigsten Projekte bewußt sein. Um die Risiken möglichst klein zu halten, wird es dafür sorgen, daß das Gesamtprojekt in zeitlich aufeinanderfolgende Arbeitsphasen gegliedert wird und sich die Mitarbeiter mit den Konzepten identifizieren.
- Bei der Erarbeitung des Strategiekonzepts ist Wert darauf zu legen, daß die Strategien nahtlos in die Planung und Steuerung überführt werden. Dabei können folgende Stufen konzipiert werden:

  1) Strategische Stufe
  Zeitraum: 5 Jahre
  Inhalt: Die Prozesse der strategischen Stufe planen, führen und steuern das gesamte Informationsgeschehen während der strategischen Zeitperiode aufgrund der festzulegenden Zielsetzungen, Prioritäten und Strategien.

  2) Taktische Stufe
  Zeitraum: 2 Jahre
  Inhalt: Die Prozesse der taktischen Stufe definieren kürzerfristige Zwischenziele. Sie bestimmen die benötigten Ressourcen und stellen deren effizienten Einsatz

sicher. Sie enthalten einen hohen Grad von Wechselwirkung und führen in der Regel erst nach verschiedenen Iterationen zu einem ausgewogenen taktischen Plan.

3) Operationale Stufe

Zeitraum: 1 Jahr

Inhalt: Die Prozesse der operationalen Stufe befassen sich einerseits mit der Planung und Steuerung von individuellen Aufgaben und Tätigkeiten und andererseits mit deren Durchführung. Sie stellen sicher, daß alle geplanten Ziele und Resultate erreicht werden unter effizienter Ausnützung der verfügbaren Ressourcen.

- Für Datenverarbeitung, Büroautomation und Telekommunikation ist ein gemeinsames Strategiekonzept zu erarbeiten.
  - Nach einer im Jahre 1985 abgeschlossenen Untersuchung stellt die Arthur D. Little International fest, daß bei bereits 78% aller amerikanischen Unternehmen die Zusammenfassung der Datenverarbeitung, Büroautomation und Telekommunikation in einer Hand vollzogen wurde.[1])
  - Die Aufstellung und Durchsetzung der Strategiekonzepte verlangen die Schaffung einer Position »Informations-Direktor« auf Vorstandsebene.
  - Die Zusammenfassung der Kompetenzen in einer Hand schafft die Voraussetzungen für
    - effizienten Hard- und Software-Einsatz
    - optimale Informationsversorgung
    - eine Konzentration auf die unternehmenswichtigsten Projekte
- Hinweise auf einen relativ hohen Reifegrad bezüglich einer IS-Strategie dürften aus dem Vorhandensein bzw. dem Funktionieren der nachstehenden Inhalte ableitbar sein (siehe Tabelle 16):
  - IS-Strategie ist ein wichtiger Bestandteil der Unternehmensstrategie
  - Die Unternehmensleitung identifiziert sich mit der IS-Strategie
  - Es werden langfristige Überlegungen zu Rechner-Hierarchien angestellt

[1]) Vgl. manager magazin, Heft 9, 1985, S. 195.

  - Netzwerk-Überlegungen werden realisiert
  - Die Fachbereiche wirken bei der Strategiegestaltung mit.
- Beispiele für eine Rechenzentrums-Strategie könnten sein:
  - Annähernd 100% Verfügbarkeit
  - Redundante Hardware
  - Automatische Umschaltung
  - REAL-TIME Verarbeitung, bedienungslos
  - Kein Batch für neue Anwendungen
  - 24-Stunden-Betrieb
  - Datenschutz, Datensicherheit
  - Antwortzeiten ≦ 1 Sekunde

Standortbestimmung der IS-Strategie

I Start	II Ausweitung	III Konsolidierung	IV Wachstum	V Integration
STATUS DES STRATEGIE-DENKENS				
- Keine Strategie	- An partiellem Einsatz orientierte Ziele	- Finanzielle Vorgaben - Erweiterung des Technikeinsatzes	- Funktionsumfassende Orientierung - Anwendungen, Daten, Service für einzelne Funktionen	- Integration von Unternehmens- u. IS-Strategie - Verbindung aller Informations-Kommunikations- und techn. Möglichkeiten
STRATEGIE-INPUT WIRD BESTIMMT VON				
- Keine	- Ltr. RZ	- Ltr. IS - Ltr. Budget	- Ltr. Fachbereich	- Unternehmensleitung
STRATEGIEN FÜR				
- Keine	- Hardware	- Hardware - Software - Ressourcen	- Netzwerk - Service	- Rechnerhierarchien
ARCHITEKTUR				
- Keine	- Keine	- Anwendungen	- Daten - Netzwerke	- Informations-Versorgung

Tabelle 16: Standortbestimmung: *IS-Strategie*

8.2 IS-Planung

Thesen und Aussagen:

- Die strategischen Konzepte der Informationsverarbeitung sind in einem IS-Planungssystem zu konkretisieren. Ein möglicher umfassender Ansatz, der von der IBM entwickelt wurde, geht aus Abbildung 32 hervor.
- Aus einer von Arthur D. Little durchgeführten Untersuchung ist ersichtlich, daß bei Großunternehmen in den USA ca. 79% über mittel - langfristige Pläne im IS-Bereich verfügen.
- Bereits bei der Planung der Informations- und Kommunikationssysteme ist an eine genügende Flexibilität zu denken. Die Systeme müssen in der Realität laufend angepaßt werden. Das ist aber nur möglich, wenn bei der Planung bereits die Anpassungsfähigkeit mitorganisiert wird.
- Als wesentliche Planungsbereiche sehen die meisten Organisationen:
  - Anwendungen
  - Bedarf/Load
  - Kapazität
  - Hardware
  - Personal
  - Kosten
  - Verrechnung.
- Ein hoher Reifegrad einer IS-Planung setzt die Realisierung der nachstehenden Überlegungen voraus:
  - Der Planungshorizont umfaßt mehrere Jahre
  - Die Planung und Steuerung ist auf
    - strategischer,
    - taktischer und
    - operationaler Ebene

    konkretisiert.
  - Die Entscheidungen über DV-Prioritäten werden in einem Entscheidungsgremium zentral festgelegt.
  - Die Planung umfaßt die in Abbildung 32 dargestellten Prozeßgruppen.
  - Es existiert eine IS-Architekture-Planung.

Strategische Ebene

Strategische Planung und Steuerung
- Strategische Geschäftsplanung
- IS-Architekturen-Erstellung
- Strategische IS-Planung und Steuerung

Taktische Ebene

Entwicklungs-Planung
- Anwendungs-Planung
- Daten-Planung
- System-Planung
- Projekt-Planung

Management-Planung
- Management-System-Planung
- Management-System-Überwachung

Inform.-Service-Pl.
- Service-Marketing-Pl.
- Servicegrad-Planung
- Wiederanlauf-Planung
- Datensch./Sicherh.-Pl.
- Revisions-Planung

Ressourcen-Planung
- Kapazitäts-Planung
- Personal-Planung
- Budget-Planung
- Management des taktischen IS-Planes

Operationale Ebene

Entwicklungs- und Wartungs-Steuerung
- Projekt-Nominierung
- Projekt-Detailplanung
- Projekt-Steuerung
- Projekt-Anforderungen Steuerung
- Projekt-Abschlußbewertung

Ressourcen-Steuerung
- Änderungs-Steuerung
- Ressourcen-Bestands-Steuerung

Informations-Service-Steuerung
- Produktions- u. Verteilungs-Detailplang.
- Performance- und Produktivitätssteuerung
- Problem-Steuerung
- Service-Bewertung

Entwicklung u. Wartg.
- Anwendungs-/Software-Entwicklung und Erweiterung
- Anwendungs-/Software-Beschaffung und Anpassung
- Hardware-/Einrichtungen, Installationen und Erweiterung
- Wartung
- System-Optimierung (Tuning)
- Management-System-Entwicklung und Erweiterung

Administrative Dienste
- Finanzielle Administration
- Schulung/Training
- Mitarbeiter Produktivität

Informations-Services
- RZ-Produktion
- Verteilung
- Benutzerunterstützung
- Service-Marketing

Abbildung 32: System von Prozessen in der Informationsverarbeitung.

Standortbestimmung der IS-Planung

I Start	II Ausweitung	III Konsolidierung	IV Wachstum	V Integration
PLANUNGS-HORIZONT				
- Sehr kurz - Ereignisgetrieben	- Kurz - Unter 1 Jahr	- Planung u. Steuerung auf operationaler Ebene - Bis zu 1 Jahr	- Planung u. Steuerung auf taktischer Ebene - Bis zu 2 J.	- Planung u. Steuerung auf strategischer Ebene - Bis zu 7 J.
STRATEGISCHE EBENE				
		- Zentrale Kostensteuerung u. Kontrolle	- Zentrale Entscheidung über Prioritäten (DV-Gremium) - IS-Mgmt. Planung	- IS-Architekturen Planung - Strategien geschäftsorientiert
TAKTISCHE EBENE				
	- Kapazitätserweiterung • Maschinen • Personal	- Verteilung DV-Kosten - Projektplanung u. Steuerung	- Systemplanung - Servicegradplanung - Datenschutz - Sicherheitsplanung	- Service-Marketingplanung
OPERATIVE EBENE				
- Einsatzplanung Hardware/ Software - Installationsplanung	- Programmplanung - Erweiterungs-Installation	- Wiederanlaufplanung - Projekt-Detailplanung - Wartungspl.	- Performance und Produktivitätssteuerung	- Steuerung aller techn. und organisatorischen Services
MESSEN UND KONTROLLIEREN				
- RZ Betrieb	- Betriebsmitteleinsatz	- Zentrale Steuerung und Kontrolle nach einheitlichen Maßstäben	- Einheitliche Qualitätsstandards - Plan als Kontrollinstrument	- Messung am Beitrag zum Unternehmenserfolg - Rahmen für die Operating-Planung

Tabelle 17: Standortbestimmung: *IS-Planung*

8.3 IS-Führung und -Organisation

Thesen und Aussagen:

- Es ist zu verdeutlichen, daß die Management-Produktivität durch gute Informations- und Kommunikationssysteme verbessert wird.
  - Das von Nievelt und Strassmann entwickelte Konzept zur Messung der Management-Produktivität[1]) geht davon aus, daß

    1) bei Unternehmen mit starker Wettbewerbsposition und einem unbefriedigenden Return on Investment (ROI) ein verstärkter Ausbau der Informations- und Kommunikationssysteme eine Leistungssteigerung des Managements bewirken dürfte.
    2) Unternehmen mit starker Wettbewerbsposition und hohem ROI gehalten sind, ständig die neuesten Möglichkeiten der Informationstechnik zu nutzen.
    3) bei schlechtem ROI und schwacher Wettbewerbsposition den Überlegungen der Informationstechnik zunächst eine Ursachenforschung bei den Managern selbst vorauszugehen hat.
- Ein zentrales Entscheidungsgremium auf höchster Ebene ist eine wesentliche Voraussetzung für ein optimales Führungssystem und richtige Entscheidungen im IS-Bereich.
- Es muß Wert darauf gelegt werden, daß alle IS-Aktivitäten bei einer Geschäftsleitungs-Funktion (am besten IS-Direktor) zusammengefaßt sind.
- Um das organisatorische und führungsmäßige Zusammenspiel zwischen der Informationsverarbeitung und den Benutzern optimal zu gestalten, sind u. a. folgende Maßnahmen notwendig:

  1) Klare Festlegung der Aufgaben, Verantwortung und Kompetenzen der beteiligten Stellen und Mitarbeiter.
  2) Die Aufgaben zu komplexen Problemlösungen sind an entsprechende Projektgruppen zu delegieren.
  3) Die einzelnen Projekte sind zu planen, zu steuern und zu kontrollieren bezüglich
     - der Ziele und Abnahmekriterien
     - der Phasen-Ergebnisse und -Termine

[1]) Vgl. manager magazin, Nr. 8, 1985, S. 225 ff.

  - der Ressourcen
  - der Kosten und Nutzenbewertung.
- Auf den folgenden Seiten wird die Entwicklung der IS-Führung und -Organisation an einem konkreten Beispiel aufgezeigt. Zunächst wird eine Zuordnung der Applikationen auf die einzelnen Phasen (mit Jahresangaben) vorgenommen. Die dann folgenden Abbildungen zeigen die Entwicklung der einzelnen Phasen auf.
  (Diese Darstellung wurde von Wilfried Martin, Sindelfingen, entwikkelt.)

Reifegrad (Stufen) Applikationen	Start I	Ausweitung II	Konsolidierung III	Wachstum IV	Integration V
Entwicklung	1965	1972	1978	1982	1986
Geschäftsvorfälle					
- Operationale Systeme	100%	90%	80%	70%	50%
- Management Kontroll-Systeme	–	10%	20%	25%	35%
- Strategische Planungs-Systeme	–	–	–	5%	15%
Verarbeitungsart					
- Batch (einschl. RJE)	100%	90%	75%	50%	25%
- Online	–	10%	25%	35%	40%
- IDV (Batch/Online)	–	–	Erste Versuche	10%	20%
- Büro-kommunikation	–	–	–	1%	15%
- Mini/Macro	–	–	–	4%	10%
Integrations-/ Komplexitätsgrad	Keine	Gering	Zu-nehmend	Hoch	Sehr hoch

Beispiel einer Entwicklung der Informationsverarbeitung

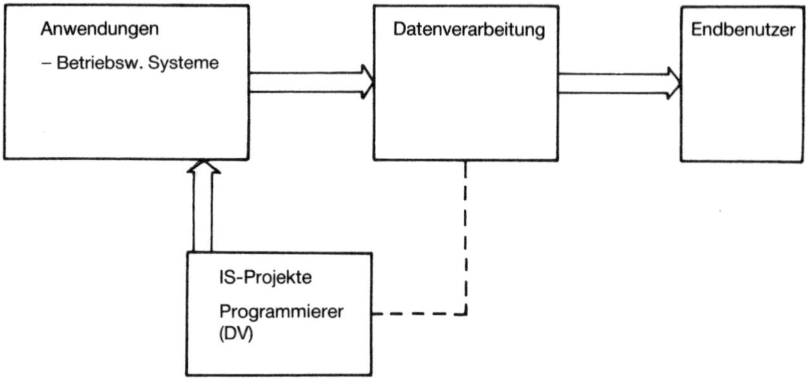

Abbildung 33: IS-Führung und Organisation – Phase 1: Start.

- Prozeduren und Kontrolle
  - Keine
  - IS wird nur von Experten verstanden
- Benutzersicht
  - Kein bzw. wenig Verständnis für IS-Aufgaben
- Top-Management-Sicht
  - IS reduziert Verwaltungskosten

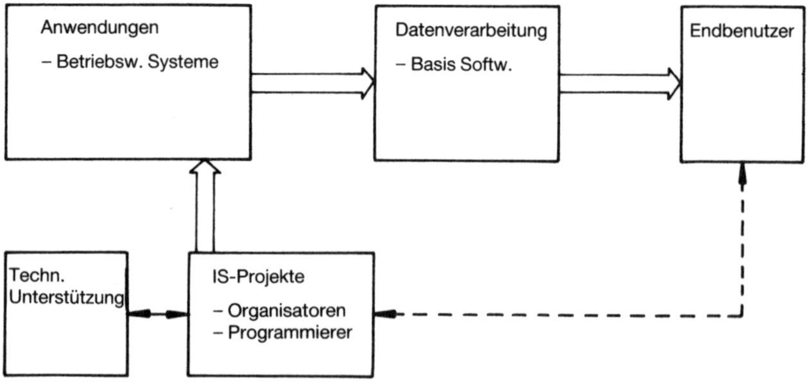

Abbildung 34: IS-Führung und Organisation – Phase 2: Ausweitung.

- Prozeduren und Kontrolle
  - Forderungen nach Kontrollmechanismen (Projektfreigabe/-Entwicklung)
- Benutzersicht
  - Noch wenig interessiert an DV-Aktivitäten
- Top-Management-Sicht
  - Begeisterungsphase für DV
  - Rechenzentrum im Glashaus (Prestige)

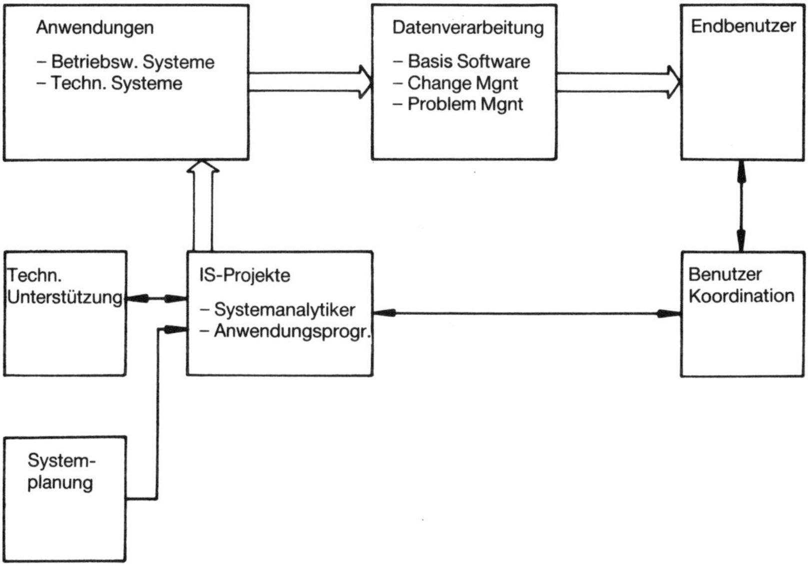

Abbildung 35: IS-Führung und Organisation – Phase 3: Konsolidierung.

- Prozeduren und Kontrolle
  - Phasenkonzept für Projektentwicklung etabliert
  - Entwicklungsregeln für Projektmanagement
  - Definition Benutzerrolle bei Entwicklung von IS-Projekten
- Benutzersicht
  - Starkes Interesse für IS-Projekte
  - Mitarbeit bei Entwicklungs- und Wartungsaufgaben

- Top-Management-Sicht
  - Beunruhigung über Durchdringung aller Geschäftsbereiche mit DV
  - Panik über DV-Kostenexplosion

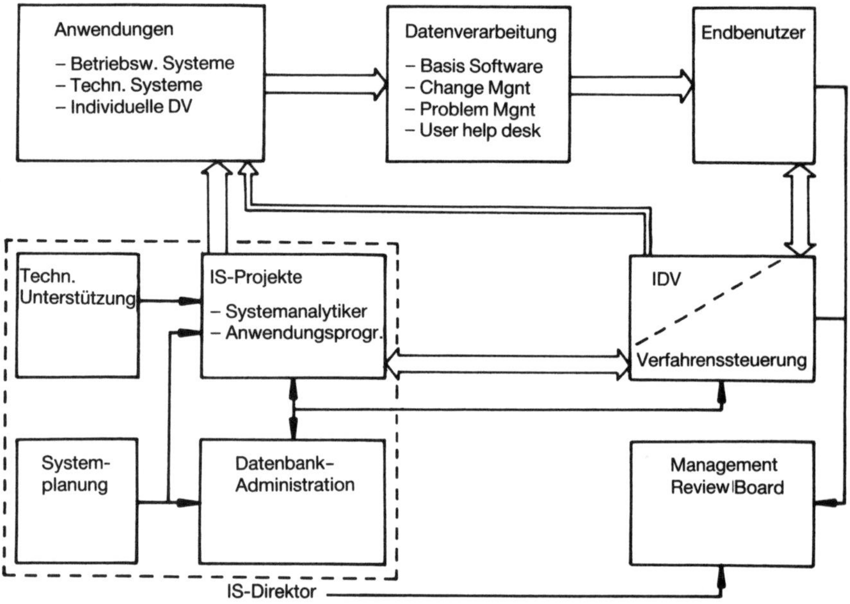

Abbildung 36: IS-Führung und Organisation – Phase 4: Wachstum.

- Prozeduren und Kontrolle
  - Regeln für professionelles Projektmanagement
  - Prozeduren für Steuerung der Individuellen DV fehlen
- Benutzersicht
  - Wert von DV wird erkannt
  - Mitarbeit bei DV-Projekten selbstverständlich
  - Notwendigkeit von Individueller DV wird akzeptiert
- Top-Management-Sicht
  - Wert von IS wird erkannt
  - IS wird als Unternehmensbereich gesehen

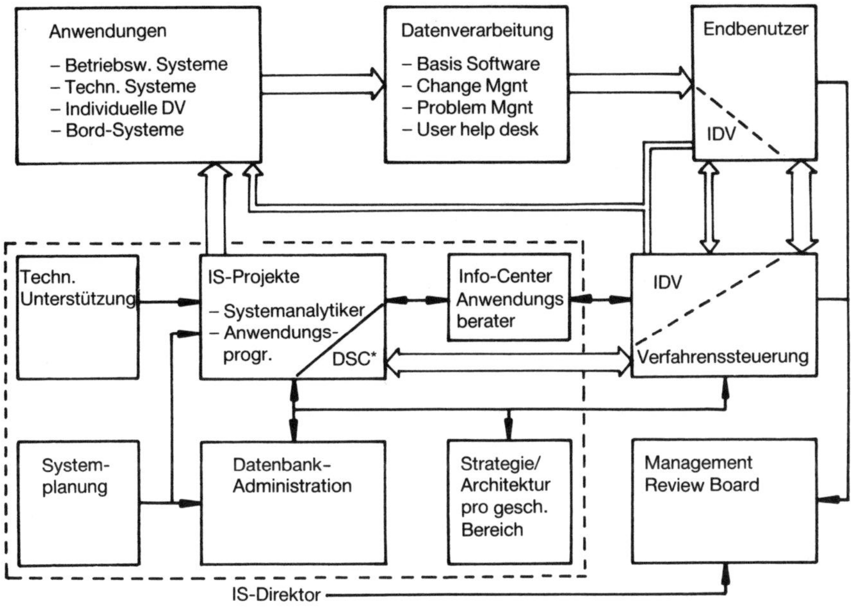

Abbildung 37: IS-Führung und Organisation – Phase 5: Integration.

- Prozeduren und Kontrolle
  - Regeln für professionelles Projektmanagement
  - Regeln für Individuelle DV (Info-Center)
- Benutzersicht
  - Übernahme von Teilverantwortung bei Projektentwicklung
  - Übernahme von Fachverantwortung bei DV
- Top-Management-Sicht
  - Daten werden als Unternehmens-Ressource (Prod.-Faktor) gesehen
  - Top-Management ist selbst DV-Benutzer

I Start	II Ausweitung	III Konsolidierung	IV Wachstum	V Integration
ORGANISATION				
– Programmierung u. – Maschinenbetrieb	– Organisations-Programmierer – Technische Unterstützung	– Spezialisierung der IS-Funktionen – System-Analyse – Anwendungs-Programm – Systemplng.	– Ein Dach für alle IS-Aktivitäten im Unternehmen mit IS-Direktor	– Unternehmensweite Strategien und Architekturen
FÜHRUNGSSTIL UND METHODEN				
– Fachautorität	– Patriarchal. Management	– Überwach.-Management – M by Budgets	– Kooperatives Management – M by Object. – M by Except.	– Partizipatives Management – M by Delegation
SICHT DES HÖHEREN MANAGEMENTS				
– Sieht IS ausschließlich als Mittel zur Reduzierung der Verwaltungskosten	– Begeistert sich für die Datenverarbeitung	– Gerät in Panik über das Eindringen der DV in alle Unternehmensbereiche	– Versteht die DV als wichtigen Teil des Geschäftes und integriert das IS-Management	– Wird selbst wichtiger Benutzer von IS – Versteht Daten als Unnehmens-Ressource
SICHT DES BENUTZERS				
– Wenig Verständnis	– Geringes Interesse an DV-Aktivitäten	– An allem interessiert, arbeiten bei Entwicklung und Wartung mit	– Kennen den Wert von IS und übernehmen fachl. Verantwortung bei der Entwicklung – IDV	– Ausschöpfen der Möglichkeiten des Informations-Services
VERBINDUNGEN IS – BENUTZER				
– DV Leiter	– Organisationsprogrammierer	– Systemanalytiker – Projekt-Management	– Benutzer-Service – Vertretung der betriebl. Funktionen (DV Aussch.)	– Steering Committee

Tabelle 18: Standortbestimmung: *IS-Führung und Organisation*

8.4. Datenmanagement

Thesen und Aussagen:

- Daten sind eine der wichtigsten Ressourcen für alle Organisationen. Deshalb muß das Managen der Daten ein Thema für das Top-Management sein.
- Es sollte Klarheit darüber bestehen, daß mit einem aktiven Datenmanagement sich u. a. realisieren lassen:
  - Eindeutige Datenverantwortung
  - Strukturierte Verfahren
  - Bessere Planung und Kontrolle der Anwendungsentwicklung
  - Besseres Durchsetzen von Standards
  - Schnellere Anwendungsentwicklung
  - Einfachere Systeme
  - Schnelleres Datenbank-Design
  - Klare Fixierung der Zugriffsberechtigung
  - Reduzierung der Zeit bei ad-hoc-Abfragen
  - Verbesserter Service für den End-Benutzer
  - Mehr Transparenz durch Dokumentation.
- Im Rahmen des Datenmanagements ist zunächst dafür Sorge zu tragen, daß die Daten folgenden Anforderungen gerecht werden:

  1) *Die vollständige Abbildung der Realität*
  Ein Steuerungssystem muß die Komplexität und Varietät des realen Systems in genügender Übereinstimmung wiedergeben. Gerade die vollständige Erfassung aller relevanten Daten ist für die Informationsgewinnung von großer Bedeutung. Man muß sich einfach darüber im klaren sein, daß die aus dem Informationssystem fließenden Informationen – auch unter Einsatz aller mathematischen und technischen Hilfsmittel – nur so gut sein können, wie die erfaßten Daten es zulassen. Im Rahmen der Vollständigkeit muß dabei besonders Wert auf die Fixierung von Plandaten gelegt werden. Nur dadurch lassen sich Steuerungs- und Regelungssysteme aufbauen.
  Welche Möglichkeiten durch eine detaillierte Datenerfassung gegeben sind, soll im folgenden kurz an einigen Beispielen gezeigt werde.

Kundendaten

Die Beschreibung der Umwelt ist in unseren Informationsmodellen sehr dürftig. Sogar über die für uns wichtigsten Umweltelemente wie Kunden und Lieferanten haben wir nur sehr unvollständige Information. Klare Vorstellungen über Zahlungsmoral, Liefermoral, Reklamationsverhalten, Bestellverhalten usw. besitzen wir nicht. Wir haben über unsere Umwelt nur sehr subjektive Meinungen. Diese Subjektivität ist aber keine Basis für den Aufbau einer klaren Firmenpolitik. Auch in diesem Falle sind die Informationsquellen, die wir zur Vervollständigung des Anschauungsmodelles benötigen, bereits ungenutzt im Hause.

Bis heute erfassen die meisten Unternehmungen und Verwaltungseinheiten fast nur solche Daten, die mit der Entstehung von Forderungen und den zu ihrem Ausgleich dienenden Zahlungsvorgängen zusammenhängen. Sie verzichten damit auf eine Reihe wertvoller Beschreibungselemente, durch die Kunden besser kennengelernt und dementsprechend behandelt werden können. Welche Daten sollten nun in einem Kundensatz neben Kundennummer, Kundenanschrift, Kreditlimit, Umsatz, Zahlungen, offene Posten, Mehrwertsteuer, Skonto und unberechtigten Abzügen noch enthalten sein? Zunächst muß hierzu gesagt werden, daß der Umfang der zu speichernden Daten vom jeweiligen Informationsbedürfnis abhängt. Von allgemeinem Interesse könnten z. B. folgende Datenfelder sein:

Kundensatz

I. Allgemeine Daten
   Kunden-Nr.
   Lief.-Nr. des Kunden
   Branche
   Land
   Bezirk
   Kunde seit: (Dat.)
   Ku.-Name:
   Ku.-Anschrift (Post):
   Lieferanschrift(en):
   Sonderbedingungen
      Lieferart (z. B. eigene Abholung; Lieferung durch

Spedition XY, usw.)
Besondere Zahlungsbedingungen (z. B. jeweils am 15. des Folgemonats)
Besondere Absprachen (z. B. Verrechnung mit Lieferungen des Kunden)

Kundenbuchhaltung

- Kreditlimit
- Auftragsbestand
- Umsatz
  - Soll
  - Haben
  - Saldo

II. Kunden-Statistik

Aufträge

Anzahl und Größenordnung

	Anzahl	*Auftragswert*
X_1		
X_2		
X_3		

Zeitliche Verteilung

	Anzahl	*Auftragswert*
Zeitraum 1		
Zeitraum 2		
Zeitraum ·		
Zeitraum ·		

Terminvorschriften

	Anzahl	*Auftragswert*
ohne Terminvorschriften		
Termin 1		
Termin 2		
Termin ·		
Termin ·		
Termin ·		

Reklamationen und Annahmeverweigerung

	Anzahl	*Warenwert*
Art:		
Reklamation		
Annahmeverweigerung		
Rücksendung		
Grund:		
Leistungsverzug		
Warenmängel		
Preisstellung		
Berechtigt		
Unberechtigt		
Regulierung der Reklamation usw.		
Selbst. Abzug		
Gutschrift		
Schadenersatz		

Zahlungsverhalten

	Anzahl	*Betrag*
Mahnungen		
1. Mahnung		
2. Mahnung		
usw.		

Zahlungsstreuung

Zeitraum	bis 10 Tage
	11 bis 30 Tage
	31 bis 90 Tage
	über 90 Tage

Zinsen für Berechnung der Bonitätsziffer

Soll
Haben
Saldo

Vorgenommene unberechtigte
Abzüge

Betrag

Skonto
Rabatt
Sonstige
Frachtkosten
Verpackungskosten
Kosten für Auftragsbearbeitung
Kosten für Bereitstellung und
Versand
Kosten der Buchführung

III. Kundenbeurteilung
Kennziffern für Bestellverfahren
Auftragsgröße
Termine
Bestellbedingungen
Abnahmetreue
Gesamtkennziffer:
Kennziffer aus Zahlungsverhalten
Wahrscheinlichster Zahlungstermin
stat. Streubereich
Bonitätsziffer
Kennziffer für Reklamationsverhalten

Anzahl *Wert*

unberechtigte Reklamationen
% vom Gesamtumsatz
Regulierung

Kennziffer

Rentabilität
Gewinn:
Gewinnmarge:
Kennziffer:

Gesamtkennziffer für Auftragsposition:

Auftragssatz
Ku.-Nr.
Auftrags-Nr.
Auftragsart
(Rahmenauftrag, Abrufauftrag, Restauftrag)
Vertreter.-Nr.
Bestelldatum
Auftragswert
Geforderter Liefertermin (Kunde)
Vorgesehener Liefertermin
Liefer- und Rechnungsdatum
Rechnungswert
Fälligkeitsdatum
Zahlungsdatum
Zahlungsbetrag
Skonto, berechtigt
Skonto, unberechtigt
Reklamation:
Art
Grund
Regulierungsart
usw.

Selbstverständlich hängen die jeweils aufzunehmenden Daten von den Spezifika der Branche und dem gewünschten Informationsbedarf ab. So könnten z. B. im Einzelhandel folgende Informationen von Interesse sein:

- Kundeneinkäufe
- Kundenfrequenzen
- Umsätze in Zeitabschnitten
- Erträge in Zeitabschnitten
- Umsätze in Warenarten, Artikelgruppen und Artikeln
- Erträge in Warenarten, Artikelgruppen und Artikeln
- Umsätze und Erträge in Spezialshops
- Stückzahlbestände in Waren, Artikelgruppen und Artikeln
- Dispositionsvorschläge anhand der vorgenannten Daten.

Lieferantendaten

An den Lieferanten geben wir Aufträge, wir sollten deshalb erfassen,

- wie er sie terminlich ausführt,
- wie seine Qualitätstreue ist,
- wie er sich bei berechtigten Reklamationen verhält usw.

Auf diese Weise vervollständigen wir die Bilder und können die Informationen nutzen.

Personaldaten

In Kapitel 6 wurde deutlich gemacht, daß die wichtigsten Aktiva einer Organisation die Mitarbeiter sind. Von ihrem Wollen und Können hängt der Erfolg in hohem Maße ab. Obwohl man in Wirtschaft und Verwaltung diese Tatsache immer mehr anerkennt, werden für die Mitarbeiter selten die gleichen Maßstäbe wie für die Produktionsmittel angewandt. So haben z. B. die Unternehmungen über die dinglichen Vermögenswerte (Gebäude, Maschinen usw.) sehr detaillierte Aufzeichnungen, während sie über das Personal meist nur unzureichend informiert sind. Hier interessiert man sich fast nur für solche Daten, die die Lohn- und Gehaltsabrechnung betreffen. Die Personaldaten finden jedoch nur teilweise Verwendung

- bei der Suche nach dem »richtigen« Mann für einen bestimmten Arbeitsplatz;
- bei der Personalplanung;
- bei der Ermittlung des Aus- und Weiterbildungsbedarfs pro Mitarbeiter;
- bei der Feststellung des optimalen Einsatzes aller Mitarbeiter einer Unternehmung;
- bei der Analyse der Fluktuation usw.

Für eine planmäßige Einstellungs-, Stellenbesetzungs- und Ausbildungspolitik ist die systematische Erfassung und Speicherung der Personaldaten, der Anforderungsprofile (mit Hilfe der Stellenbeschreibung) und Eignungsprofile (durch entsprechende Beurteilungen) in der Datenbank notwendig. Je unvollständiger und ungenauer diese Daten sind, desto größer ist das Risiko von Fehlentscheidungen. Selbstverständlich müssen aber gerade in diesem sensitiven Bereich die gesetzlichen Normen beachtet und die erforderlichen Zustimmungen des Betriebsrates eingeholt werden.

2. *Die wahrheitsgemäße Abbildung der Realität*
Wahrheit besagt, daß das Modellsystem in logischer Übereinstimmung mit den abgebildeten Realitäten ist. Bei der Beurteilung dieser Grundproblematik im Rechnungswesen ist davon auszugehen, daß eine richtige Abbildung nur möglich ist, wenn
- die Begriffe klar definiert und genügend klassifiziert sind,
- die Tatbestände richtig bewertet werden und
- die Struktur der rechnerischen Modelle die Struktur der betrachteten realen Begebenheiten möglichst wirklichkeitsgetreu (isomorph) abbildet.

Die Unklarheit beginnt oft schon bei der Erfassung der Ereignisse und ihrer Zuordnung zu nicht eindeutig definierten Begriffen. Leider sind uns die meisten Unklarheiten der informatorischen Abbildung unseres Systems nicht bekannt. Die Verwendung unklar definierter und ungenügend klassifizierter Begriffe finden sich in vielen Organisationen. Dies sei am Beispiel der Gliederung des Kostenartenverzeichnisses eines Großunternehmens gezeigt, das folgende Klassifizierung enthielt:

40 Materialkosten
41 Löhne und Gehälter
42 Gesetzliche und freiwillige soziale Aufwendungen
43 Energiekosten
44 Fremdleistungen
45 Gebühren, Beiträge, Spenden, Steuern
46 Verkehrskosten
47 Vertriebskosten
49 Sonstige Kosten.

Aus einer solchen Klassifizierung können für die richtige Kontierung (Zuordnung von Tatbeständen mit Kostencharakter) eine Reihe von Problemen entstehen. Dies sei an nur drei Fragen angedeutet:

1) Gehören die Löhne und Gehälter für Vertriebspersonal sowie die dazugehörigen gesetzlichen und freiwilligen Sozialleistungen zu den Gruppen 41 oder 42 oder zur Gruppe 47?

2) Sind fremdbezogener Strom und fremdbezogenes Gas Energiekosten (43) oder Fremdleistungen (44)?
3) Was sind »Sonstige Kosten«? (Versteck für unliebsame Kosten?)

Bei der Untergliederung der Kostenarten erscheinen im gleichen Unternehmen unter Gemeinkostenlöhnen in der gleichen Gliederungsstufe:

- Anlernlöhne
- Lehrlingslöhne
- Löhne für Nachtarbeit
- Löhne für Reinigung.

Bei einer solchen Begriffsunklarheit ist eine einheitliche Kontierung nicht mehr möglich. Um hier den Fehlerspielraum einmal deutlich zu machen, wurde ein Test gemacht. 100 Lohnkostenbelege wurden vervielfältigt und fünf geübten Sachbearbeitern zur unabhängigen Kontierung gegeben. Das Ergebnis war eine 72%ige Übereinstimmung bzw. eine 28%ige Nichtübereinstimmung.
Dies unterstreicht die Notwendigkeit, in jeder Organisation für ein klares Begriffssystem zu sorgen. In der hierarchischen Ordnung der Begriffe darf es auf gleicher hierarchischer Stufe keine begrifflichen Überschneidungen geben. Mengentheoretisch heißt das: Gleichrangige Begriffsinhalte müssen zueinander fremde Mengen sein. Unterbegriffe müssen in ihrem Inhalt klare Teilmengen zu den Inhalten der übergeordneten Begriffe sein.
Die meisten Unklarheiten in der informatorischen Abbildung unseres Systems sind uns jedoch weder bewußt noch bekannt. Wir müssen deshalb Forschungsarbeit leisten, um die Richtigkeit zu ermitteln. So kann z. B. für wahr gehalten werden, daß eine bestimmte Preispolitik zur Optimierung des Unternehmensertrages beitrage und somit richtig sei. Da kein Gegenteil bewiesen ist und auf herkömmliche Art auch nicht bewiesen werden kann, bleibt der Glaube erhalten. Wenn wir nun aus unseren Vorstellungen ein Modell formulieren und dann laufend die Realitäten erfassen und sie mit unseren Modellvorstellungen vergleichen, werden sich viele Vorstellungen als falsch erweisen. Da aber in der Modellanalyse das Ausmaß der Fehlvorstellungen sichtbar und damit bewußt wird, können wir in einem Lernprozeß das Modell laufend verbessern, bis es die Realitäten in genügender Richtigkeit dar-

stellt. Erst dann wird es für die Simulationen und Steuerungszwecke brauchbar. Wir haben also, um uns der Realitäten im Modell zu nähern, unter Einsatz des formalen und maschinellen Instrumentariums folgende Phasen zu durchlaufen (siehe auch Abb. 29):

a) Formulierung eines vorläufigen Modells nach dem Stande unseres Wissens.
b) Erfassung der Realitäten.
c) Analyse der erfaßten Daten und Vergleich mit unseren Modellvorstellungen.
d) Verbesserung des Modells mit den gesammelten Erfahrungen.
e) Einsatz des Modells zu Simulations- und Steuerungszwecken.

Von der Erstformulierung bis zur Erreichung eines wahren Modells kann sehr viel Zeit vergehen. Ohne Mathematik und Computer ist eine solche Arbeit undenkbar.

3) Die zeitgemäße Abbildung der Realität

Hinsichtlich dieses Problems muß es das Ziel sein, daß das Datenmaterial die Tatbestände des Unternehmens in jedem Zeitpunkt widerspiegelt. Haben wir im Rechnungswesen das Geschehen erst mit erheblichem zeitlichen Abstand erfaßt und verarbeitet, dann gleicht es einer überholten Datenaufbewahrungsinstitution. Derartige Datenbestände sind zu Steuerungsmaßnahmen weitgehend ungeeignet. Sie besagen bestenfalls hinterher, was man vorher hätte tun müssen, wenn man rechtzeitig informiert gewesen wäre.

Informationssysteme geben die Möglichkeit, das Zeitproblem völlig neu zu definieren und auf einer anderen Ebene zu lösen. Sie ermöglichen uns, viele Daten synchron mit dem Geschehen zu erfassen. Dies ist insbesondere durch die schnelle Entwicklung auf dem Sektor der Datenstationen möglich geworden. Die direkte Verbindung des Benutzers mit dem EDV-System ist für die Aktualität der Daten von großer Bedeutung. Normalerweise nimmt der Wert der Daten mit ihrem Alter ab, in einigen Fällen jedoch, in welchen es auf die Wechselwirkung von Vergangenheits- und Gegenwartswerten oder auf große Mengen von Daten ankommt, kann der Wert steigen. Dies dürfte z. B. beim Bau von Simulationsmodellen der Fall sein, bei denen es vor allem darum geht, die Realität möglichst genau abzubilden.

4) Die Zuordnung der Daten und Informationen

Hier wird die Forderung nach der optimalen Informationsmenge sowohl in quantitativer als auch in qualitativer Hinsicht gestellt. Das Informationssystem hat zu jedem Zeitpunkt alle relevanten Informationen an die Stellen und Personen zu leiten, die sie zur optimalen Steuereinwirkung auf das System benötigen. Hier muß festgestellt werden, daß es um das derzeitige Aufgaben- und Informationsbewußtsein des Managements nicht sonderlich gut bestellt ist. Bei aller Fähigkeit, ihre Aufgaben zu begreifen und sich schnell zu informieren, sind sie meist nicht in der Lage, ihr Aufgabenprofil und ihren Informationsbedarf für einen Dritten verständlich zu formulieren.

Es wird oft von der Informationspyramide gesprochen. Bei dieser Vorstellung geht man davon aus, daß man im hierarchischen Aufbau der Unternehmenssteuerung und -führung die Informationen entlang der hierarchischen Stufenleiter nur immer mehr zu verdichten braucht, um das Informationsproblem zu lösen. So einfach ist das leider nicht. Der Versuch, die hierarchische Befehlsstruktur, die aus Gründen der Machtausübung und der Personalverantwortung sehr zweckmäßig ist, auch zur Grundlage des Informationsflussen für die sachliche Aufgabenerfüllung zu machen, verkennt das Problem. Das Informationsbedürfnis geht kreuz und quer durch die Machtstruktur. Informationen, die ein Sachbearbeiter zur Aufgabenerfüllung benötigt, brauchen seinen Chef eventuell gar nicht zu interessieren. Die Sachbearbeiter verschiedener Stufen und Funktionen koordinieren ihre Informationswünsche. Davon ist das meiste nirgends festgelegt oder gar organisiert. Man spricht im Gegensatz zu organisierten Beziehungen hier von informellen Gruppen. Es dürfte sehr lohnend sein, die in Wirtschaft und Verwaltung bestehenden Informationsstrukturen einmal durch intensive Erfassung sichtbar zu machen. Man wird feststellen, daß das meiste von dem, was man organisieren muß, bereits vorhanden ist. Man wird aber auch feststellen, wie weit die bestehenden Strukturen von einer Optimalität entfernt sind.

- Ein hoher Reifegrad bezüglich des realisierten Datenmanagements dürfte im allgemeinen auf die Realisierung der nachfolgenden Punkte zurückzuführen sein:
  - Relationale Speicherung und Verarbeitung der Daten
  - Einsatz von Werkzeugen für die Katalogisierung und Verwaltung der Daten (z. B. data dictionary)
  - Die richtigen Daten sind zur richtigen Zeit, am richtigen Ort und in der richtigen Form verfügbar
  - Von jedem Arbeitsplatz ist es möglich, auf die benötigten Daten zuzugreifen.

Standortbestimmung beim Datenmanagement

I Start	II Ausweitung	III Konsolidierung	IV Wachstum	V Integration
ART				
– Programm-bezogen	– Wuchernde Daten-bestände – Anwen-dungsbezo-gen	– Anwen-dungsüber-schreitende funktionale Daten-banken – Textver-arbeitung	– Geschäfts-prozeßbezo-gene Daten – Informa-tions-Verar-beitung – Sprache	– Integration der Daten zur Steue-rung der Un-ternehmens-prozesse – Bild
DATENPLANUNG				
– Keine	– Inhaltliche Abstimmung – Physische Daten-planung	– Zeitliche Abstimmung – DB Analyse und Design	– Redundanz-steuerung – Konzept DB-Design – Logische Sprache	– Optimales Managen d. Daten, d. h. richtige Da-ten (Inh.), zur richtigen Zeit, am rich-tigen Ort, in richtiger Form (Bild, Sprache,Ton)
SPEICHERUNG				
– Lochkarte – Magnet-band – Sequentiell	– Platten – Trommel – Direkt	– Datenbanken – Massen-Speicher – Hierarchisch	– Real-Time u. IDV-DB – Disketten – Relational	– Verteilte Daten
ORGANISATION				
– Daten-Archiv ● im RZ ● beim Be-nutzer	– Keine Kontrollen über ● Redundanz ● Integrität – Datenspei-cherung	– Daten-bestands-verwaltung – Vital Record – Verschlüsse-lung	– Data Dictionary – Copy Mgmt. – Daten-sicherung u. Datenschutz	– Aktives Verzeichnis auf der Basis einer Daten-architektur
EMPFÄNGER / ANWENDER				
– Sachbear-beitung	– Operatives Management	– Taktisches Management	– Planendes Management	– Jeder Arbeitsplatz

Tabelle 19: Standortbestimmung: *Datenmanagement*

8.5 Anwendungsmanagement

Thesen und Aussagen:

- Umfragen haben ergeben, daß die DV-Anwender einen durchschnittlichen Anwendungs-Backlog von ca. 3 Jahren haben, gemessen an der verfügbaren Kapazität. Vor diesem Hintergrund müssen die beiden nachfolgenden Thesen gesehen werden:

  1) Bei der professionellen Anwendungsentwicklung sind die Produktivität und Qualität entscheidend zu verbessern.
  2) Der Weg zur Individuellen Datenverarbeitung (IDV) ist verstärkt zu beschreiten.

- Die Verbesserung der professionellen Anwendungsentwicklung kann u. a. geschehen durch:
  - Anwendung von Phasenkonzepten
  - Verwendung moderner Design-Techniken
  - Einsatz von Anwendungsentwicklungs-Hilfen
  - Kauf von fertigen Anwendungen und Programmen, um den Entwicklungsaufwand so gering wie möglich zu halten
  - Hoher Standardisierungs- und Formalisierungsgrad.
- Es ist ein Benutzerservice zu installieren. Dies ist eine selbständige Funktion zur Förderung und Unterstützung der IDV.

  Der Benutzerservice führt im allgemeinen folgende Aktivitäten durch:
  - Beratung bei der Hardware
  - Bereitstellung geeigneter Software und Daten
  - Interessenvertretung der Endbenutzer
  - Beratung und Schulung
  - Unterstützung bei Wirtschaftlichkeitsanalysen.
- Ein relativ hoher Reifegrad beim Anwendungsmanagement zeichnet sich durch die Realisierung folgender Aktivitäten aus (Tabelle 20):
  - Die Benutzer bestimmen ihre Anforderungen und Abnahmebedingungen selbst.
  - Die Benutzerzufriedenheit wird regelmäßig abgefragt und das Ergebnis umgesetzt (siehe Tabelle 21).
  - Es existiert ein Benutzer-Service-Zentrum.
  - Die Verwendbarkeit von Daten, Bild, Text und Sprache ist in den Anwendungen in wahlfreier Kombination möglich.

Standortbestimmung beim Anwendungsmanagement

I Start	II Ausweitung	III Konsolidierung	IV Wachstum	V Integration
ART DER ANWENDUNGEN				
- Einzelprogramme - Tabellieren und berechnen von Lochkarten für Massenarbeiten - Stammdateien führen	- Sachgebietsorientierte Folgen von Programmen	- Funktionale Anwendungs-Konzepte - On-line-Anwendungen - Erste Ansätze von IDV - Beginn Textverarbeitung	- Info-Systeme - Basis einer Anwendg.-Architektur - Stärkung der IDV (auch Planungs- und Steuerungsaufgaben) - Text und Daten in eine Anwendung	- Informations- u. Entscheidungs-Systeme - Arbeitsplatzspezifische Anwendungen mit Daten, Text, Bild, Sprache
ANWENDUNGSPLANUNG				
- Keine	- Ereignisgetrieben	- Kurzfristig (unter 1 Jahr) - Getragen durch aktive Benutzerbereiche - Im Rahmen der vorgegebenen Architektur	- Mittelfristig (1–2 Jahre) - Freigabe durch überbereichlichen Review Board - Vorstudie für Anwendungsprojekte	- Einbindung des mittelfristigen Plans in die langfristige Planung
MITWIRKUNG DER BENUTZER				
- Keine	- Generelle Anforderungen werden dem EDV-Bereich gemeldet	- Ernennung von • Koordinatoren • Verbindungsleuten - Verantwortung für Anwendungsinhalte	- Klare Regelung hinsichtlich der Mitwirkung - Bestimmung der Anforderungs- und Abnahmebedingungen - Eigene Entwicklung (IDV)	- Verselbständigung der Benutzer und der Benutzerbereiche

Tabelle 20: Standortbestimmung: *Anwendungsmanagement (Teil 1)*

I Start	II Ausweitung	III Konsolidierung	IV Wachstum	V Integration
ANWENDUNGSWARTUNG				
– Wartung nur im Fehlerfall	– Individuelle Wartung	– Wachsender Wartungsaufwand – Druck zur Reduzierung	– Entwicklung von Wartungstechniken und Werkzeugen – Releasekonzept	– Wartung durch den Benutzer und IS
VORGEHENSWEISE DER ANWENDUNGSENTWICKLUNG				
– Programmentwicklung in 2 Stufen: ● Vorschlag ● Realisierung	– Kontrolle des Leistungsverhaltens – Testverfahren formalisiert	– Weitere Stufen ● Vorstudie ● Grobentwurf ● Erfolgskontrolle – Phasenkonzept	– Benutzerbeteiligung – Formelle Kontroll- u. Genehmigungsverfahren – IS-Review Board	– Teilweise dezentrale Entwicklung und Ausführung auf der Basis zentraler Standards – Individualisierte Anwendungen
ORGANISATION, MANAGEMENT				
– Ohne Struktur	– Teams für Anwendungsgebiete	– Spezialisierung und Strukturierung – Trennung Entwicklung/Wartung – Unterstützungs-Funktionen	– Service-Funktionen ● Anwendungs-Unterstützung ● Benutzer-Service ● Daten-Management	– Funktionalisierung bei einheitlicher Strategie, d. h. Untern.-Bereich mit eigenen IS-Funktionen
SKILL				
– Programmierer	– Organisator	– Laufbahnkonzept – Systematische Mitarbeiter-Führung	– Berater/Consultant	– Manager

Tabelle 20: Standortbestimmung: *Anwendungsmanagement (Teil 2)*

Beispiel: **Lohn- und Gehaltsabrechnung**		**S E R V I C E (100 Pkt.)**			
KRITERIUM	B	Soll	Ist	Bewertungs-logik/Formel	%
Benutzerbetreuung - Beratung - Information - Hilfestellung	X X	4 4			
Verfügbarkeit - Systeme - Anwendungen - Anwender	X X	35 35			
Antwortzeiten - TSO - IMS - APL - Sonstige	X X 	30 30 			
Datensicherheit/Revision - Datenzugriff - Revisionsfähigkeit - Datenverlust	X X X X	10 2 2 6			
Qualitätskontrolle - Sachliche Richtigkeit - Vollständigkeit - Termineinhaltung	X X X X	10 4 2 4			
Kostenverrechnung - Umlageverfahren - Leistungsbezogen	X X	5 5			
Sondervereinbarungen - Backup - Stand by - Prioritäten	X X X X	6 2 2 2			
		100			

B = Bewertung
Soll = Vereinbarter Servicegrad
Ist = Erfüllung bzw. Erfüllungsgrad

Tabelle 21: Beispiel für eine Ermittlung des Service-Grades (1. Teil)

	BEWERTUNGSLOGIK / FORMELGERÜST:
Benutzerbetreuung	**Benutzerbefragung alle 3 Monate** volle Punktzahl = 100% null Punkte = 0% $\text{Istpunkte} = \frac{\text{Prozentzahl x Sollpunkte}}{100}$
Verfügbarkeit	**Monatliche Errechnung** Definition: pro Tag Verfügbarkeit erreicht Ja/Nein $\text{\%-erreicht} = \frac{\text{Anzahl Arbeitstage erreicht}}{\text{Anzahl Arbeitstage Monat}}$ Istpunkte = %-erreicht x Sollpunkte Meßmethode: nach fixierter Formel
Antwortzeiten	**Monatliche Errechnung** Definition = pro Tag Antw.Zeit erreicht Ja/Nein $\text{\%-erreicht} = \frac{\text{Anzahl Arbeitstage erreicht}}{\text{Anzahl Arbeitstage Monat}}$ Istpunkte = %-erreicht x Sollpunkte Meßmethode: nach festgelegtem Verfahren
Datensicherheit/Revision	**Monatliche Ermittlung** Ja/Nein-Fragestellung volle Punktzahl = ja null Punkte = nein
Qualitätskontrolle	**Monatliche Errechnung** $\text{\%-erreicht} = \frac{\text{Anzahl richtige Durchführungen}}{\text{Anzahl Gesamtdurchführungen}}$ Istpunkte = %-erreicht x Sollpunkte Meßmethode: Aufschreibungen
Kostenverrechnung	**Monatliche Ermittlung des RZ** Ja/Nein-Fragestellung volle Punktzahl = ja null Punkte = nein
Sondervereinbarungen	Individuelle Beurteilung

Tabelle 21: Beispiel für eine Ermittlung des Service-Grades (2. Teil)

8.6 Produktion

Thesen und Aussagen:

- Der Begriff »Produktion« ist von der inhaltlichen Auslegung gleichzusetzen mit den Begriffen »Rechenzentrum«, »DV-Service«, »IS-Service«. Innerhalb der »Produktion« kann man die folgenden 8 Disziplinen unterscheiden:

  1) Service-Management
     - Langfristige Planung der Services nach Art und Umfang
     - Abstimmung der Service-Ziele (z. B. Antwortzeiten, Verfügbarkeit) mit den Benutzern und schriftliche Fixierung
     - Regelmäßige Analysen über den Service und Untersuchungen über die Abweichungen
     - Ermitteln der Zufriedenheit der Benutzer

  2) Kapazitäts-Management
     - Abstimmung der Kapazitätsplanung mit den langfristigen Unternehmenszielen
     - Berücksichtigung des mit den Benutzern vereinbarten Servicegrades
     - Dokumentation über die Auslastung der Systemkomponenten und des Netzwerks

  3) Problem-Management
     - Festlegen der Verantwortlichkeit für die Erfassung und Verfolgung der Probleme
     - Standardisierte Verfahren für die Problemerfassung
     - Eindeutig definierte Verfahren zur Problemanalyse
     - Sporadische Trainings in den wesentlichen Management-Prozeduren

  4) Änderungs-Management
     - Schaffen einer Zentralstelle zur Koordination und Überwachung der Änderungen
     - Erarbeiten eines Konzeptes für Verfahren nach Risikogruppen
     - Test der Änderungen
     - Erarbeiten von Freigabeverfahren für Änderungen

5) Betriebsablauf-Management
   - Dokumentation der Produktionsabläufe und Arbeitsfolgen für den Tagesbetrieb
   - Wochen- und Monatspläne
   - Maschinelle Bestandsführung aller Betriebsmittel
   - Differenziertes Berichtswesen (z. B. Planabweichungen, Engpässe etc.)
   - Existenz eines User-Help-Desk

6) Netzwerk-Management
   - Servicevereinbarungen mit den Benutzern
   - Gemeinsame Funktion Netzwerkentwicklung und Netzwerkbetrieb
   - Analyse und Überprüfung der Netzwerksteuerung
   - Aufbau von Backup-Verfahren

7) Betriebsablaufsicherung
   - Katastrophenvorsorge
   - Sicherung vitaler Datenbestände
   - Sicherung der Abläufe

8) Datensicherung und Revision
   - Sicherungsverfahren für die Daten
   - Realisierung gesetzlicher Normen
   - Revisionsfähige Nachweiswege

- Bei allen diesen Disziplinen geht es um eine optimale Realisierung der verschiedenen Einflußfaktoren (wie z. B. Unternehmensgröße, branchenbezogene Bedingungen, Einbindung der Benutzer, erreichter Organisationsgrad, Grad der Durchdringung mit DV, realisierte Anwendungen usw.)
- Im folgenden werden Optimierungsüberlegungen am Beispiel eines Datensicherungssystems aufgezeigt. Die Optimierung der Gesamtkosten für ein Datensicherungssystem sollte unter zwei Nebenbedingungen erfolgen:

  1) Das *Restrisiko* hat nach Einführung der Datensicherungsmaßnahmen *so gering wie möglich zu sein*. Jede zusätzliche Maßnahme muß das Restrisiko vermindern.

2) Die *Gesamtkosten* (GK) für die Datensicherung, die auch das Restrisiko beinhalten, *müssen kleiner sein als das Risiko, das vor* Einführung der Datensicherungsmaßnahmen bestand:

Unter diesen beiden Voraussetzungen können die Gesamtkosten optimiert werden. Die Gesamtkosten der Datensicherung setzen sich aus den Einführungskosten (EK) und den laufenden Betriebskosten (BK) für die Datensicherungsmaßnahmen und dem Restrisiko (RR) nach der Einführung zusammen.

GK = EK + BK + RR

Da es sich bei den Einführungskosten um einmalige Kosten handelt, die laufenden Betriebskosten und das Restrisiko jedoch auf einen Zeitraum bezogen sind, muß für alle drei Größen ein gemeinsamer Bezugszeitraum gefunden werden. Das kann z. B. der Zeitraum eines Jahres sein. In diesem Fall müssen die Einführungskosten auf die geschätzte Nutzungsdauer (Anzahl Jahre) anteilmäßig verteilt werden. Daraus ergeben sich dann die Gesamtkosten der Sicherung pro Jahr, die in einem nächsten Schritt optimiert werden können.

Die Optimierung besteht darin, aus dem in Frage kommenden Spektrum von alternativen Sicherungsmöglichkeiten diejenige Kombination auszuwählen, deren Gesamtkosten minimal sind. Ein solcher Punkt läßt sich z. B. anhand der folgenden Graphik (siehe Abbildung 38) ermitteln.

Die Graphik geht davon aus, daß die Alternativen 1 bis 5 (verschiedene Maßnahmekombinationen) zunehmend komplexer sind und in steigendem Maße das geschätzte Verlustrisiko (= Restrisiko) vermindern. Die Kosten der Sicherungsmaßnahmen (Einführungskosten und laufende Betriebskosten) nehmen von Alternative zu Alternative zu.

Das Optimum liegt am unteren Scheitelpunkt der Kurve der »erwarteten Gesamtkosten«, d. h. zwischen Alternative 3 und 4. Anders ausgedrückt ergibt sich in diesem Fall ein Optimum, wenn die Kosten der Sicherungsmaßnahmen gleich dem geschätzten Verlustrisiko sind.

In der Praxis wird das für eine bestimmte Unternehmung gültige Optimum nur dann erreicht werden können, wenn zuverlässige Aus-

[1]) Vgl. hierzu Nagel, Kurt: Datensicherung in der Unternehmung. Wiesbaden 1977.

sagen über das geschätzte Verlustrisiko vorliegen und Klarheit darüber besteht, inwieweit bestimmte Sicherungsmaßnahmen wirksam sind bzw. sich kombinierte Sicherungen gegenseitig ergänzen.[1])

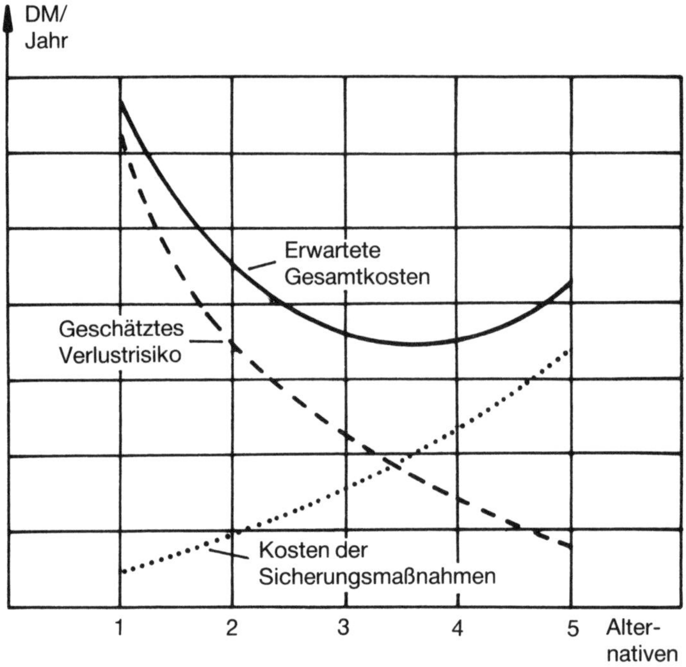

Abbildung 38: Gesamtkostenkurve bei Datensicherungssystemen.

I Start	II Ausweitung	III Konsolidierung	IV Wachstum	V Integration
BETRIEBSFORM UND HW-STAND				
- Ein Computer - Stapelbetrieb - Open Shop - Wenige Benutzer	- Kapazitätsausweitung - Closed Shop - Viele manuelle Aktivitäten	- On-line - Netzwerk	- Hardware Cluster - Netzwerke - Produktion und Test separat - Recovery/ Back up	- Intelligente Workstations - Bürokommunikation - Einbindung aller Medien
ORGANISATION				
- Struktur nach fachlichen Fähigkei- und Erfahrungen	- Verantwortung für Produktion und Verteilung	- Spezialisierung und Strukturierung nach Ablaufplanung und -kontrolle	- Planung u. Steuerung von ● Services ● Kapazität ● Datensicherheit	- Rechnerhierarchie - Adäquate Organisation
SKILL				
- Auf reibungslosen Ablauf orientiert - Operating - Techn. Orientierung	- Auf Produktion und Verteilung der Ergebnisse orientiert - Manuelle Tätigkeiten	- Gezielte Ausbildung für spezialisierten Einsatz - Systemorientiert	- Ausbildung entspricht Laufbahnkonzept - Benutzerorientierung - Netzorientierung	- Wegfall manueller Tätigkeiten - Übergang zu steuernden und kontrollierenden Tätigkeiten
- Benutzer bringt Daten erhält Listen zurück - Heute: On-line Start	- Benutzeranforderungen und Ergebnisnachbesserungen führen zu Produktionsausweitungen	- Mehr langfristige Service-Planung mit dem Benutzer	- Trotz Erfüllung der Vereinbarungen wollen Benutzer mehr Selbständigkeit	- Benutzer verfügen über Leistungen, die sie zur Erfüllung der Aufgaben benötigen

Tabelle 22: Standortbestimmung: *Produktion (Teil 1)*

I Start	II Ausweitung	III Konsolidierung	IV Wachstum	V Integration
SERVICE				
- Ausreichender Service - Wenig zeitkritisch	- Prioritätenkonflikt - Viele Benutzeranwendungen	- Formalisierte Serviceplanung Gleichbleibender Service	- Zielorientierte Servicevereinbarung - 100% Verfügbarkeit	- Zusätzlich ausreichend verteilte Kapazität - Rund um die Uhr
ENTWICKLUNG DER DISZIPLINEN				
- Installation und Sicherung des Anlaufes	- Betriebsablauf - Datensicherung	- Kapazität - Behandlung von Änderungen Datenschutz - Problembehandlung	- Serviceplanung - Netzwerk - Betriebsablaufsicherung - Integration - Werkzeuge zur Unterstützung	- Ausbau der in Kapitel 8.6 fixierten Disziplinen - Zentrale Koordination dieser Disziplinen

Tabelle 22: Standortbestimmung: *Produktion (Teil 2)*

8.7 Standortbestimmung und Weiterentwicklung

Phase / IS-Funktion	Start	Aus-weitung	Konsoli-dierung	Wachs-tum	Inte-gration
IS-Strategie	–	–	Finanzielle/ technische Strategie	Funktionale Strategien	Integrierte Strategie
IS-Planung	Hardware Planung	Pauschale Budgets	Operat. Planung/ Kontrolle	Taktische Planung/ Kontrolle	Strategie Planung/ Kontrolle
IS-Führung und Organis.	Kaum Arbeits-teilung	Program-mier-Abteilung RZ-Betrieb	Spezial. von IS-Funktionen	Integr. der IS-Funktionen	Unter-nehmens-weite Strategien
Daten	Anwen-dungs-abhängige Dateien	Explosion der Dateien	Daten-Banken	Informa-tionsver-arbeitung	Steue-rungs-Funktion
Anwen-dungen	Operie-rende Ebene	Unter-stützung der Dispo.-Aufgabe	Ausweitung der Steue-rungs-Aufgaben	Unter-stützung der Planung	Unter-stützung aller Ebenen
Produk-tion	Ein Computer	Kapazitäts-Ausweitung	On-Line	Netzwerke	Intelligente Work-station

Tabelle 23: Standortbestimmung: *Zusammenfassung der wesentlichen Indikatoren für die einzelnen IS-Funktionen*

Genereller Erfolgs-Faktor (1)	Wesentliche Branchen-Faktoren (2)	Spezifische Unternehmens-Faktoren (3)	Welche Faktoren sind von besonderer Bedeutung? (4)	Erforderliche Voraussetzungen (5)	Was sollte bei uns getan werden? (6)	Frist (7)
IS-Strategie						
IS-Planung						
IS-Führung						

Tabelle 24: Ableitung der Erfolgsfaktoren und Aktivitäten für die einzelnen IS-Funktionen (Teil 1)

Genereller Erfolgs-Faktor (1)	Wesentliche Branchen-Faktoren (2)	Spezifische Unternehmens-Faktoren (3)	Welche Faktoren sind von besonderer Bedeutung? (4)	Erforderliche Voraussetzungen (5)	Was sollte bei uns getan werden? (6)	Frist (7)
Datenmanagement						
Anwendungsmanagement						
Produktion						

Tabelle 24: Ableitung der Erfolgsfaktoren und Aktivitäten für die einzelnen IS-Funktionen (Teil 2)

9. Erfolgsfaktor 6: Praktizierte Kundennähe

9.1 Thesen und Aussagen zur Kundennähe

- Erfolgreiche Unternehmen praktizieren eine sehr große Marktnähe und konzentrieren sich dabei auf ihre Stärken
  - Albach[1]) bringt in seiner Untersuchung zum Ausdruck, daß erfolgreiche Unternehmen eigene Produktentwicklungen durchführen. Es ist geradezu ein Merkmal erfolgreicher Klein- und Mittelbetriebe, sich in der Ausrichtung auf die Abnehmer zu spezialisieren.
  - Naujoks/Kayser[2]) erhärten durch ihre Untersuchung die Aussage, daß sich der Mittelstand bereits auf die Produkte konzentriert, bei denen er am Markt ausgeprägte Stärken hat.
  - Müller-Golchert[3]) knüpft in seinen Ausführungen an die strategischen Überlegungen von Mewes an. Er führt aus, daß Firmen, die sich auf Zielgruppen konzentrieren, bei denen sie ihre eigenen Stärken am besten einsetzen können, Rezessionszeiten besser überstehen.
  - Wildemann[4]) hat im Rahmen eines umfangreichen Forschungsprojektes zur strategischen Investitionsplanung festgestellt, daß die Strategie der Pionieranwendung neuer Produkt- und Produktionstechnologien erfolgreicher ist als die Strategie des kreativen Nachahmers.

[1]) Vgl. Albach, H.: Schumpeter . . . a.a.O., S. 58
[2]) Vgl. Naujoks, W., Kayser, G.: Mittelstand 1983. Lage im Wettbewerb und betriebswirtschaftliche Praxis. Göttingen 1983, S. 21.
[3]) Vgl. Müller-Golchert, W.: Durch Konzentration auf die eigenen Stärken: Erfolgreiches Behaupten in hartumkämpften Märkten. In: zfo, Heft 5/6, 1984, S. 359 f.
[4]) Vgl. o. V.: Strategische Investitionsplanung. In: Handelsblatt, 25. 3. 1986.

- Unternehmer und Führungskräfte haben eine besondere Verantwortung bei der Realisierung des kundenorientierten Ansatzes
  - Neben den sozialen Aufgaben und Pflichten gegenüber den Mitarbeitern haben die Führungskräfte auch eine soziale Verantwortung im überbetrieblichen Bereich. Da die Unternehmung kein isoliertes wirtschaftliches Gebilde ist und somit von der Umwelt stark beeinflußt und geprägt wird, müssen vor allem die Führungskräfte versuchen, die von den verschiedenen Kreisen der Öffentlichkeit ausgehenden Einflüsse für die Unternehmung möglichst günstig zu gestalten. Ihr Verhalten gegenüber Kunden, Lieferanten, Aktionären, Gewerkschaften, Regierungsstellen usw. bestimmt zu einem großen Teil den Erfolg der Unternehmung.
  - Ein enger Kontakt der Führungskräfte zu den Kunden wird sowohl von erfolgreichen Praktikern als auch von namhaften Autoren befürwortet.
  - Bei kleineren und mittleren Unternehmen wird auch für wichtig erachtet, daß die Kunden die eigene Unternehmung, insbesondere den betrieblichen Bereich, näher kennen.
- Der Kunde muß ständig nach seinen Wünschen befragt werden
  - Kraut aus dem Hause Bizerba legt Wert auf die Tatsache, daß man die Zufriedenheit der Kundschaft nicht in kurzen Zeiträumen messen kann. »Sie muß Dauer und Bestand haben. Sie reicht von der Vergangenheit . . . bis in die Gegenwart und muß auch für das Morgen erhalten bleiben. Eine zufriedene Kundschaft sollte für ein Unternehmen das erstrebenswerteste Ziel sein.«[1])
  - Der Kunde ist ständig über seinen Zufriedenheitsgrad zu befragen.
  - Ideen von Kunden sind aufzugreifen und eingehend zu prüfen.
  - Es empfiehlt sich, Innovations-Sitzungen mit Kunden zu initiieren.
  - Kundenbeiräte können eine wichtige Funktion bei der Produktentwicklung wahrnehmen.
  - Exzellente Unternehmen lassen oftmals die neuentwickelten Produkte und Dienstleistungen bei Stammkunden testen.
  - Gemeinsame Entwicklung von Lösungskonzepten und Aufzeigen von spezifischen Problemlösungen tragen verstärkt zu einem vollen Vertrauen in die Leistungsfähigkeit der Organisation bei.

[1]) Kraut, W.: Wollen, dienen, danken. Erfahrungen, Grundsätze und Lebensregeln, a.a.O., S. 2.

- Bei künftigen Aktivitäten ist, sofern diese Voraussetzungen zutreffen, nicht nur an die Kunden, sondern auch an die Kunden des Kunden zu denken. Gerade für diese Zielgruppen ist es mehr und mehr erforderlich, innovativ zu sein.
- Die Unternehmung muß unter Umständen auch auf Kundenwünsche eingehen, die streng betriebswirtschaftlich gesehen häufig nur Deckungsbeiträge erbringen. Die Auswirkung einer solchen Leistung könnte jedoch eine Rechtfertigung zulassen.

- Ein positives Klima mit Kunden entsteht bereits im täglichen Umgang
  Beispiele hierfür könnten sein:
  - Die Art, wie Führungskräfte und Mitarbeiter mit Kunden und Lieferanten umgehen und verhandeln
  - Die Art, wie die Mitarbeiter einer Organisation am Telefon antworten
  - Die persönliche Erscheinung eines jeden Mitarbeiters
  - Die Art, wie Fehler in Ordnung gebracht und Reklamationen behandelt werden
  - Die Art, wie man über das eigene Geschäft spricht.
- Ein effizientes Innovationsmanagement setzt ein umfassendes Informationssystem voraus[1]):
  - Empirische Studien bringen zum Ausdruck, daß
    - nur 1–2 Prozent aller Erfindungen jemals die Produktion erreichen,
    - bis zu 45 Prozent der betrieblichen Forschungskosten eingespart werden könnten, würden die Unternehmen auf bereits publizierte Forschungsergebnisse zurückgreifen,
    - die Kosten für die Überleitung von Ideen in marktfähige Produkte oft größer sind als diejenigen für Forschung und Entwicklung.
  - Es wird mehr und mehr notwendig, zu den für eine Organisation relevanten Forschungsdaten Zugriff zu haben. Mögliche Strategien können diesbezüglich u. a. sein: Einbinden von Informationsbrokern und dafür in Frage kommenden Institutionen, Recherchen bei den bereits vorhandenen Datenbanken und Informa-

[1]) Vgl. hierzu: Hübner, Heinz: Innovationsmanagement. In: Zeitschrift Führung und Organisation, 55. Jg., Heft 1, 1986, S. 56 f.

tionsstellen, Aufbau eines unternehmensspezifischen Informationssystems.

- Der Kundendienst hat exzellent zu sein
  - Im Kundendienst ist laufend zu zeigen, daß in allen Situationen der Kunde an oberster Stelle steht.
  - Jede noch so kleine Beanstandung des Kunden wird möglichst schnell beseitigt.
- Die Mitarbeiter haben sich mit den Produkten zu identifizieren
  - Der Unternehmensberater R. Berger[1]), der mehr als 100 seiner Firmenkunden vor dem Hintergrund einer erfolgreichen Unternehmensführung untersucht hat, rät, das Produkt zum »Erlebnis« zu machen, es als Hobby zu sehen, stolz auf die eigene Leistung zu sein.
  - Berger empfiehlt auch, die Produkte, soweit möglich, selbst zu verwenden. Für ihn ist ein negatives Beispiel einer »Unternehmenskultur«, wenn die Mitarbeiter eines Automobilherstellers lieber mit Fahrzeugen anderer Marken fahren.
- Organisatorische Maßnahmen in der Aufbauorganisation können die Kundenorientierung wesentlich verstärken
  - Die Firma Endress + Hauser, die seit der Gründung des Unternehmens im Jahre 1953 ihre wesentlichen Erfolge vorwiegend auf die bestmögliche Praktizierung einer exzellenten Kundennähe zurückführt, hat für die Realisierung dieses Erfolgsfaktors u. a. folgende organisatorische Vorkehrungen getroffen:
    1) Forschung und Entwicklung ist ein Teil des Marketing-Bereiches
    2) Der Marketing-Bereich hat eine überragende Bedeutung in der Gesamtorganisation (siehe Abb. 39)
    3) Die Anzahl der Hierarchie-Stufen ist auf ein Minimum reduziert
    4) Dezentrale Vertriebsorganisation.
  - Verschiedene Wirtschaftsunternehmen haben, um Kundenwünsche spezieller Art noch besser erfüllen zu können, einen eigenen Bereich bzw. größere Sonderabteilungen geschaffen. Die Aufgabe dieser Organisationseinheiten ist die Entwicklung

[1]) Vgl. o.V.: »Für eine richtige Unternehmens-Kultur«. In: Blick durch die Wirtschaft, 26. Jg., Nr. 200, 1985, S. 1

und Realisierung von Lösungen für spezifische Kundenaufträge. Im Sinne einer praktizierten Kundennähe reicht es vielfach aus, in diesen Abteilungen kostendeckend zu arbeiten.

- Organisatorische Maßnahmen in der Ablauforganisation können Schwachstellen deutlich machen und Ansätze für Innovationen geben
  - Möglichst einfache Abläufe
  - Streben nach kurzen Lieferzeiten
  - Zuordnung eindeutiger Ansprechpartner
  - Analyse der Durchlaufzeiten von Bestellungen
  - Prüfung auf Einhaltung von Lieferterminen und Qualität der Produkte
  - Analyse erfolgreicher Abschlüsse der Vertriebsmitarbeiter nach innovativen Umfeldern und Prozessen.
- Versuchen Sie, durch individuelle Aufmerksamkeiten den Kundenkontakt zu intensivieren und Verhaltensgrundsätze gegenüber Kunden aufzustellen (siehe Abb. 40)!

  Im Rahmen einer Beratung antwortete dem Verfasser ein erfolgreicher Unternehmer auf die Frage nach seinen wesentlichen Erfolgskriterien: »Für mich konnte ich zwei wichtige Erfolgsfaktoren ausfindig machen. Einmal verfüge ich über eine Designertruppe, die weiß, was der Markt wünscht. Darüber hinaus habe ich ein besseres Informationssystem als alle meine Mitbewerber.« Dieser Unternehmer hat z. B. mit einer konventionell geführten Kundenkartei angefangen und zahlreiche Daten über seine Kunden zusammengetragen und es sich bis zum heutigen Tage nicht nehmen lassen, seinen Geschäftsfreunden persönliche Glückwünsche zum Geburtstag, zu Jubiläen etc. auszusprechen. Das habe ihm Kundennähe gebracht; auch habe er zu Weihnachten nicht nur standardisierte Geschenke gemacht, sondern sich stets etwas einfallen lassen, argumentiert er. Ja, dieser Unternehmer geht sogar so weit, daß er auf die Hobbys seiner Geschäftsfreunde Rücksicht nimmt.

  Ist eine solche Kundennähe erst einmal erreicht, dann bildet sie die Basis auch für künftigen Geschäftserfolg. Nicht umsonst gibt es Länder, in denen die Aussage Gültigkeit hat: »Wir kaufen in erster Linie bei alten Geschäftsfreunden!«

  Die folgende Parabel verdeutlicht in beeindruckender Weise das

ORGANIGRAMM 1985

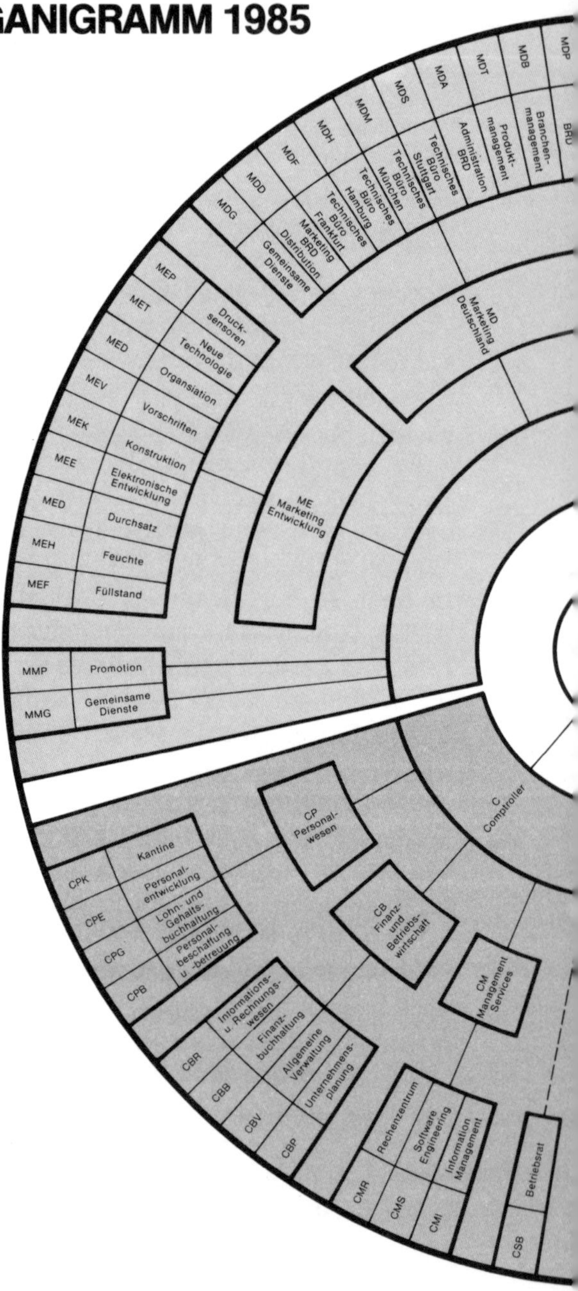

Abbildung 39: Organigramm der Firma Endress + Hauser GmbH + Co.

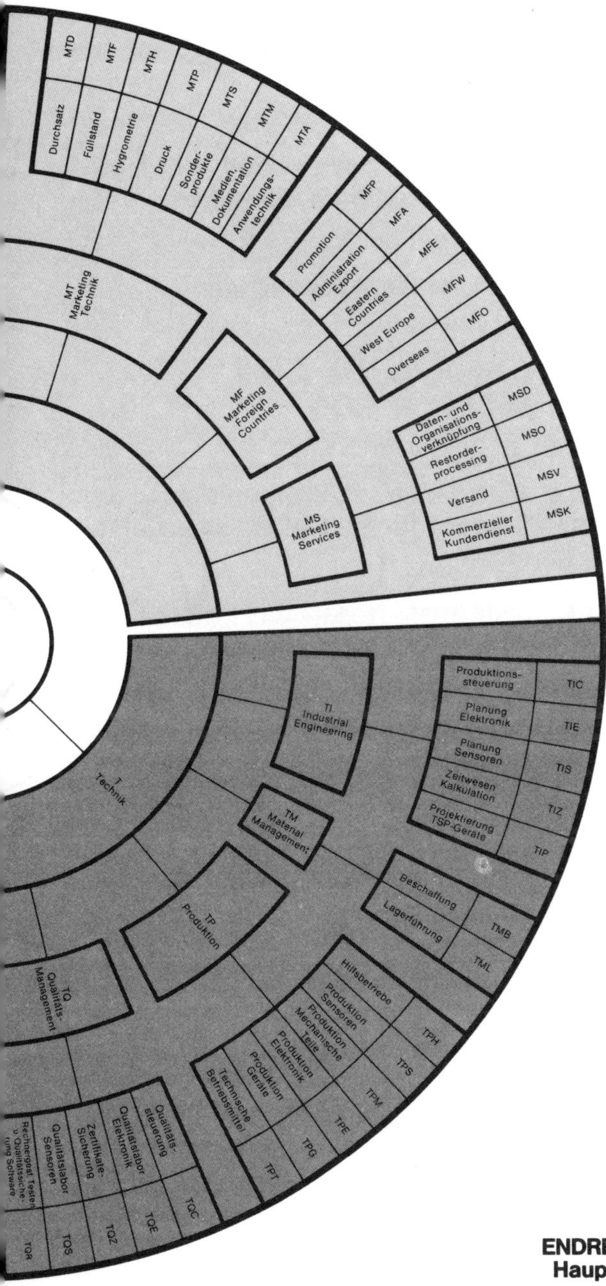

ENDRESS+HAUSER GMBH+CO
Hauptstraße 1 · 7867 Maulburg

Was ist ein Kunde?

Ein Kunde

ist die wichtigste Person in unserem Unternehmen, gleich ob er persönlich da ist oder schreibt oder telefoniert.

Ein Kunde

hängt nicht von uns ab, sondern wir von ihm.

Ein Kunde

ist keine Unterbrechung unserer Arbeit, sondern ihr Sinn und Zweck.

Ein Kunde

ist jemand, der uns seine Wünsche bringt. Unsere Aufgabe ist es, diese Wünsche gewinnbringend für ihn und uns zu erfüllen.

Ein Kunde

ist keine kalte Statistik, sondern ein Mensch aus Fleisch und Blut, mit Vorurteilen und Irrtümern behaftet.

Ein Kunde

ist nicht jemand, mit dem man ein Streitgespräch führt oder seinen Intellekt mißt. Es gibt niemand, der je einen Streit mit einem Kunden gewonnen hat.

Ein Kunde

ist kein Außenstehender, sondern ein lebendiger Teil unseres Geschäftes. Wir tun ihm keinen Gefallen, indem wir ihn bedienen, sondern er tut uns einen Gefallen, wenn er uns Gelegenheit gibt, es zu tun.

Abbildung 40: Der Kunde – Grundsätze.

Phänomen der Rücksichtnahme. Aus ihr könnte man den Schluß ziehen, daß Rücksichtnahme letztlich *das* Kriterium zur Unterscheidung von Gut und Bös wäre. Ist sie aber auch ein wichtiges Kriterium für Unternehmenserfolg? Diese Frage muß mit einem klaren »Ja« beantwortet werden, wenn man an die zahlreichen empirischen Untersuchungen zum Thema Unternehmenserfolg und an die eindrucksvollen Beispiele exzellenter Unternehmensleistungen denkt.

Ein Philosoph beschäftigt sich sein Leben lang mit der Frage, wie es wohl im Himmel und in der Hölle zugehen mag. Für den Leser ist es verständlich, daß er sich mit der Lösung dieser Frage schwer tut. Als der Gelehrte das Zeitliche segnet, empfängt ihn Petrus recht herzlich. Der Philosoph bittet Petrus, er möge ihm doch zunächst einmal einen Einblick in die Hölle und in den Himmel geben. Petrus erfüllt ihm diesen Wunsch.

Der Philosoph kann auf einmal riesige Räumlichkeiten mit zahlreichen Menschen erkennen. Die Menschen sitzen an üppig gedeckten Tischen. Bei näherem Hinsehen erkennt unser Philosoph, daß die Atmosphäre in der Hölle traurig und düster ist, die Menschen ein verhärmtes Aussehen haben und nicht gerade gut genährt sind. Als er noch genauer hinschaut, stellt er fest, daß die Menschen alle große Löffel mit einem langen Stiel in der Hand halten und krampfhaft versuchen, die Köstlichkeiten, mit denen die Tische überladen sind, sich zum Munde zu führen.

Als Petrus die Szene wechselt, stellt sich für unseren Betrachter ein ähnliches Bild dar: Viele Menschen sitzen an übervollen Tischen mit den erlesensten Speisen und Getränken. Die Menschen sind diesmal aber gut gelaunt, wohl genährt, die Stimmung ist gelöst und heiter. Bei näherer Betrachtung kann er feststellen, daß die Menschen auch hier diese langen Löffel in der Hand halten. Der einzige Unterschied, den unser Philosoph erkennen kann, ist der, daß die Menschen gelernt haben, sich gegenseitig zu füttern.

9.2 Standortbestimmung und Weiterentwicklung

Praktizierte Kundennähe

I	II	III	IV	V
- Kunde ist Geschäftsvorfall	- Normale Kundenbeziehungen - Reklamationen werden verstärkt beachtet und ausgewertet	- Der Kunde hat das Gefühl, daß man ihn beachtet - Servicefunktion wird ernst genommen	- Dem Kunden werden verstärkt Problemlösungen angeboten - Es werden regelmäßig Kundenbefragungen über die Zufriedenheit durchgeführt - Aufbau von Kundenbeiräten	- Die Problemlösungen werden gemeinsam mit dem Kunden erarbeitet - Enger Kontakt zu den Führungskräften der Kunden

Tabelle 25: Standortbestimmung: *Praktizierte Kundennähe*

Genereller Erfolgs-Faktor (1)	Wesent-liche Branchen-Faktoren (2)	Spezifische Unter-nehmens-Faktoren (3)	Welche Faktoren sind von besonde-rer Bedeu-tung? (4)	Erforder-liche Voraus-setzungen (5)	Was sollte bei uns getan werden? (6)	Frist (7)
Prak-tizierte Kunden-nähe						

Tabelle 26: Ableitung der Erfolgsfaktoren u. Aktivitäten zur Kundennähe

Schlußwort

Das vorgestellte Modell kann nicht als ein Kochrezept betrachtet werden. Es dürfte jedoch Unternehmen behilflich sein, die Ausprägung der einzelnen Erfolgsfaktoren festzustellen und Hinweise für deren Weiterentwicklung zu geben. Es ist zu betonen, daß jeder einzelne Faktor von Wichtigkeit ist und nicht vernachlässigt werden darf. Bei einer konsequenten Realisierung dieser Faktoren ergeben sich bessere Zukunftsperspektiven: Die Unternehmen werden flexibler, innovativer, erfolgreicher. Daß hier oft längerfristige Betrachtungen notwendig sind, versteht sich von selbst. Die Unternehmenskultur z. B. entwickelt sich über Jahre hinweg in einem langwierigen Prozeß. Geschäftsgrundsätze und Führungsgrundsätze nur in Papierform reichen nicht aus. Es muß eine Konvergenz zwischen offiziellen betriebsspezifischen Normen und dem betrieblichen Alltag bestehen. Ist diese nicht gegeben, dann besteht die Gefahr des Entstehens einer »Pseudokultur«. Nur durch eine Verinnerlichung der Grundwerte wird dieser Faktor zu einem Wettbewerbsvorteil der gesamten Organisation. Ähnlich ist es mit den anderen Erfolgsfaktoren. Vor dem Hintergrund dieser Überlegungen kann nicht früh genug mit einer Analyse, der Erarbeitung von Vorschlägen und deren Umsetzung begonnen werden. Nur so läßt sich für zahlreiche Organisationen die Gegenwart erfolgreich bewältigen und die Zukunft meistern.

Es muß abschließend darauf hingewiesen werden, daß neben dem Streben nach einem hohen Reifegrad bei den Erfolgsfaktoren weitere Sicherheitsnetze aufgebaut sein sollten. Es gibt eine Vielzahl von Risiken, welche die Existenz von Unternehmen bedrohen. Die einzelnen Risikotypen weisen spezielle Wirkungen auf. Ziel einer potentiellen Risikoanalyse in einem Unternehmen muß es sein, den Eintritt von Risikoereignissen soweit als möglich zu verhindern bzw. bei eingetretenen Risikoereignissen die daraus resultierenden Wirkungen zu reduzieren oder zu beseitigen. Potentielle Probleme und Risiken können sich z. B. ergeben durch

- neue Gesetze
- Veränderungen der Bedürfnisse von Kunden
- gravierende technologische Änderungen
- Restriktionen bei der Rohstoffversorgung
- Katastrophen
- neue Strategien eines Konkurrenten
- Sabotage-Akte.

Jede Unternehmung muß sich Klarheit über die Bedeutung der wichtigsten Risiken verschaffen, da sich danach die Vorkehrungen richten. Je besser man die Analyse potentieller Risiken durchführt[1]), desto leichter wird es den Entscheidungsträgern in einer Organisation fallen, mit vorbereiteten Konzepten und Strategien auf die Veränderungen zu reagieren. Exzellente Unternehmen werden sich also nicht nur um eine bestmögliche Verwirklichung der Erfolgsfaktoren bemühen, sondern darüber hinaus gezielte Konzepte für die Erfolgsabsicherung bereitstellen.

[1]) Siehe hierzu auch Rudolph, Barbara: Coping with Catastrophe. Crisis Management Becomes the new Corporate Discipline. In: Time, 24. 2. 1986, P. 51.

Literaturverzeichnis

Ansoff, H. Igor: Implanting Strategic Management. Englewood Cliffs 1984.

Antoni, Manfred: Säe Nutzen - ernte Gewinn. In: Betriebswirtschaftsmagazin (BWM), Heft 8, 1985, S. 43–46.

Berth, Rolf: Für die kleinen »Stinktiere« mit den großen Ideen muß die Führung Freiräume schaffen. In: Handelsblatt, 10. 3. 1986, S. 28.

Blake, R., Mouton, J.: The Managerial Grid. Houston 1963.

Blake, R., Mouton, J.: Blake/Mouton - Führungsstrategien. Landsberg am Lech 1986.

Bleicher, Knut: Unternehmensentwicklung und organisatorische Gestaltung. Stuttgart 1979.

Brendl, E.: Kompetenz - die innere Stärke Ihres Unternehmens. Landsberg am Lech 1985.

Derschke, Peter
Gottschall, Dietmar: Metaplan - Das Geheimnis der Wolke. In: Management Wissen, Heft 12, 1984, S. 17–33.

Gluck, F. W.
Kaufman, S. P.
Walleck, A. S.: Strategic Management for Competitive Advantage. In: Harvard Business Review, July/August 1980, P. 154–161.

Gottschall, D.: Betriebliches Innovationsmanagement. Lernen an der gemeinsamen Aufgabe. In: Management Wissen, Heft 9, 1984, S. 15 ff.

Grochla, E.
Puhlmann, M.
Vahle, M.: Die Entlastung mittelständischer Unternehmen durch organisatorische Maßnahmen. Ergebnisse aus einer Befragung von 79 mittelständischen Führungskräften. In: Zeitschrift für betriebswirtschaftliche Forschung, 36. Jg., Heft 5, 1984, S. 395 ff.

Hartfelder, Dieter: Man wollte doch den harten Führungsstil abbauen. In: Management-Zeitung IO, 54. Jg., Heft 10, 1985, S. 461 ff.

Heinen, Edmund: Entscheidungsorientierte Betriebswirtschaftslehre und Unternehmenskultur. In: Zeitschrift für Betriebswirtschaft, 55. Jg., Heft 10, 1985, S. 980–989.

Heinen, Edmund
Dill, Peter: Unternehmenskultur. In Zeitschrift für Betriebswirtschaft, 56. Jg., Heft 3, 1986, S. 202–218.

Heismann, Günter: Management/Unternehmensführung: Eine Frage des Stils. Über die Untersuchung von David Clutterbuck und Walter Goldsmith. In: Manager Magazin, Heft 9, 1985, S. 202–213.

Herzberg, F.
Mausner, B. M.
Snyderman, B.: The Motivation to Work. New York 1959.

Hübner, Heinz: Innovationsmanagement. In: Zeitschrift Führung + Organisation, 55. Jg., Heft 1, 1986, S. 56–57.

Hupe, Rainer: Die Muntermacher vom Mittelstand. In: Manager Magazin, Heft 12, 1985, S. 176 ff.

Kieser, A.: Unternehmenskultur und Innovation. In: Blick durch die Wirtschaft, 30. 5. 1985, Nr. 102, S. 3.

Kirsch, Werner
Höfner, Klaus: Zahlt sich die strategische Planung aus? In: Blick durch die Wirtschaft, 9. 12. 1983, S. 3.

Kirsch, Werner
Esser, Werner-Michael
Gabele, Eduard: Reorganisation. München 1978.

Kobi, J.-M.
Wüthrich, H. A.: Unternehmenskultur verstehen, erfassen und gestalten. Landsberg am Lech 1986.

Kraut, Günter: Personal- und Organisationsentwicklung bei der Einführung neuer Technologien. Vortragsmanuskript. Passau, 5. - 7. 3. 1986.

Laukmann, Thomas
Walch, Ian: Strategisches Management von Human-Ressourcen. In: Management im Zeitalter der strategischen Führung, hrsg. von Arthur D. Little International, Wiesbaden 1985, S. 77–100.

Lindemann, Peter: Die Arbeitswelt von morgen. Bildung – Ausbildung – Gesellschaft. Stuttgart 1975.

Maslow, A. H.: Theory of Human Motivation. 1943.

Mayer, Carl W.
Nagel, Kurt: Checklist Organisation. München 1980.

Mayo, E.: The Human Problems of an Industrial Civilization. New York 1968 (1st ed. 1933).

McGregor, D.: The Human Side of Enterprise. New York, Toronto, London 1960.

Müller-Golchert, W.: Durch Konzentration auf die eigenen Stärken: Erfolgreiches Behaupten in hartumkämpften Märkten. In: Zeitschrift für Organisation, Heft 5/6, 1984, S. 359 f.

Nagel, Kurt
Werner, Jürgen: Das Unternehmungsspiel: Betriebswirtschaftliches Entscheidungstraining. München und Wien 1985.

Nagel, Kurt: Datensicherung in der Unternehmung. Wiesbaden 1977.

Nagel, Kurt
Kraus, Wolfgang: Die EDV-Checklistensammlung. Stuttgart 1977.

Nagel, Kurt: Die innerbetriebliche Ausbildung von Führungskräften in Großunternehmen. Berlin 1969.

Nagel, Kurt: Fachabteilung und DV-Organisation. 2. Aufl., München 1979.

Nagel, Kurt: Ordnungsmäßigkeit der Speicherbuchführung. Herne und Berlin 1977.

Naujoks, W.
Kayser, G.: Mittelstand 1983. Lage im Wettbewerb und betriebswirtschaftliche Praxis. Göttingen 1983.

Nolan, R. L.: Managing the Crisis in Data Processing. In: Harvard Business Review, March/April 1979, P. 115–126.

Nuber, Karl Heinz: Management by Corporate Identity. In: Harvard Manager, No. 3, 1985, P. 105–108.

o. V.: »Für eine richtige Unternehmens-Kultur«. In: Blick durch die Wirtschaft, 26. Jg., Nr. 200, 1985, S. 1.

o. V.: Man fühlt sich wie in einer großen Familie. In: Blick durch die Wirtschaft, 5. 7. 1984.

o. V.: Schumpeter auf der Spur. In: Die Wirtschaftswoche, Nr. 30, 1984, S. 56–58.

o. V.: Strategische Investitionsplanung. In: Handelsblatt, 25. 3. 1986.

o. V.: Unternehmenskultur: Bewegung mit Werten. In: Wirtschaftswoche, Nr. 47, 1985, S. 47 ff.

o. V.: Zurück zum Vorbild. In: Wirtschaftswoche, Nr. 1/2, 1986, S. 44-52.

Pascale, Richard T.
Athos, Anthony G.: The Art of Japanese Management. New York 1981.

Pascale, Richard T.: The Paradox of »Corporate Culture«: Reconciling Ourselves to Sozialization. In California Management Review, Vol. 27, No. 2, 1985, P. 26–41.

Peters, Thomas J.
Austin, Nancy: A Passion for Excellence. The Leadership Difference. London 1985.

Peters, Thomas J.
Waterman, Robert H.: In Search of Excellence. Lessons from America's Best-Run Companies. New York 1982. Übersetzung: Auf der Suche nach Spitzenleistungen. Was man von den bestgeführten US-Unternehmen lernen kann. 10. Aufl., Landsberg am Lech 1984.

Porter, Michael E.: Wettbewerbsstrategie. Frankfurt 1983.

Pümpin, Cuno: Management strategischer Erfolgspositionen. Stuttgart 1982.

Rudolph, Barbara: Coping with Catastrophe. Crisis Management Becomes the new Corporate Discipline. In: Time, 24. 2. 1986, P. 51.

Quinn, James Brian: Innovationsmanagement: Das kontrollierte Chaos. In: Harvard Manager, Heft 4, 1985, S. 24–32.

Röthlisberger, F. J.
Dickson, W. J.: Management and the Worker. An Account of a Research Program Conducted by the Western Electric Company Hawthorne Works. Chicago Reprint 1951 (1st ed. 1939).

Rüßmann, Karl Heinrich: Acht Regeln für Erfolg. In: Manager Magazin, Heft 4, 1983, S. 144–155.

Taylor, Frederick Winslow: Die Grundsätze wissenschaftlicher Betriebsführung. Deutsche autorisierte Übersetzung von Rudolf Roesler (1913). Neu herausgegeben und eingeleitet von Walter Volpert und Richard Vahrenkamp. Weinheim und Basel 1971.

Walke, H.: Gruppengespräche bringen bessere Unternehmensergebnisse. In: Management-Zeitschrift IO, 53. Jg., Nr. 3, 1984, S. 154.

Wiedemann, Herbert: Mitarbeiter weiterbilden. Ludwigshafen 1986.

Winter, Rosemarie: Meinungen. Wegweiser zum Erfolg - Führungsgrundsätze in Wirtschaft und Verwaltung - eine vergleichende Studie. In: Zeitschrift für Organisation, 47. Jg., Heft 5, 1978, S. 241-243.

Woitschach, Max: Gödel, Götzen und Computer. Stuttgart 1986.

Woitschach, Max: Logik des Fortschritts. Stuttgart 1977.

Zürn, Peter: Vom Geist und Stil des Hauses. Unternehmenskultur in Deutschland. 2. Aufl., Landsberg 1986.

STICHWORTVERZEICHNIS